# Marcel Proust

Dargestellt von Karlheinrich Biermann

W0173667

*Rowohlt Taschenbuch Verlag*

Umschlagvorderseite: Marcel Proust.
Foto von H. Martinie
Umschlagrückseite: Marcel Proust. Gemälde von
Jacques-Émile Blanche, 1900. Paris, Musée d'Orsay
Cahier XX

Seite 3: Marcel Proust im Garten von Reynaldo Hahn,
um 1905

*Originalausgabe*
*Veröffentlicht im Rowohlt Taschenbuch Verlag,*
*Reinbek bei Hamburg, Februar 2005*
*Copyright © 2005 by Rowohlt Verlag GmbH,*
*Reinbek bei Hamburg*
*Dieser Band ersetzt die 1958 erschienene*
*Proust-Monographie von Claude Mauriac*
*Umschlaggestaltung any.way, Hamburg,*
*nach einem Entwurf von Ivar Bläsi*
*Reihentypographie Daniel Sauthoff*
*Redaktionsassistenz Katrin Finkemeier*
*Layout Gabriele Boekholt*
*Satz* PE Proforma *und* Foundry Sans *PostScript,*
*QuarkXPress 4.11*
*Gesamtherstellung Clausen & Bosse, Leck*
*Printed in Germany*
*ISBN 3 499 50624 6*

# INHALT

Der Schriftsteller bei der Arbeit im Bett, Wachsfigur
1960. Choisel, Château de Breteuil, Chambre de Proust

# Ein Werk der Zeit – jenseits der Zeit?

> «Wir entwerfen hörend auf ein Ganzes hin,
> das es nicht gibt, aber dort muß es sein …»

> Wolfgang Rihm zu seinem Violinkonzert
> «Gesungene Zeit» (1992)

«Gesungene Zeit» – mit diesem Titel ließe sich vielleicht auch das ästhetische Ideal des Romanautors Marcel Proust kennzeichnen. Beschreibt sein Werk nicht jenes paradoxe, zuweilen absurd erscheinende Bemühen desjenigen, der sich der Zeit ausgeliefert weiß und doch zugleich einen Standort gefunden zu haben glaubt, der jenseits ihrer Herrschaft angesiedelt ist?

«Gesungene Zeit» – dies könnte schließlich auch jenen neuen erzählerischen Diskurs meinen, jene wiedergefundene Sprache, die, der Musik verwandt, jenseits der verbrauchten Klischees unseres alltäglichen Idioms die *Kommunikation der Seelen* wieder herzustellen vermag. Möglicherweise hat Proust der Erzählkunst mehr abverlangt, als sie jemals zuvor leisten musste und vielleicht überhaupt zu leisten imstande ist: Metaphysik und Religion zu sein, Geschichtskonstruktion und Selbstverwirklichung.

Jahrzehntelang war Prousts einziges großes Werk, *A la recherche du temps perdu* (*Auf der Suche nach der verlorenen Zeit*, im Folgenden zitiert als *Recherche*), Gegenstand elitären Kults oder Objekt wissenschaftlichen Spezialistentums. Dass es ein breites Publikum erreichen könnte wie etwa Victor Hugos Romane, schien ein abwegiger Gedanke. In den letzten Jahren hat sich in dieser Hinsicht jedoch manches verändert. Wenn Alain de Botton sein kleines Werk «How Proust can change your life» betitelt, so deutet er damit an, dass die *Recherche* doch etwas zu tun haben könnte mit normaler Lebenspraxis. Wenn kurz nacheinander zwei Filme auf der Basis von Prousts Roman entstehen, «Die wiedergefundene Zeit» (1999) von Raoul Ruiz und «Die Gefangene» (2000) von Chantal Akerman, so mag dies sehr wohl auf eine gewisse Aktualität des Werks für uns Heutige verweisen, zumal es lange Zeit als nicht verfilmbar galt. Und wenn schließlich Stéphane Heuet die *Recherche* in das Medium des Comics, der in Frankreich so beliebten «bande dessinée», zu übertragen unternimmt, so deutet auch dies auf das Bemühen hin, die *Recherche* einem größeren Publikum bekannt zu machen.

Die nachfolgende Studie ist keine Biographie im engeren Sinn. Als Monographie umfasst sie Leben u n d Werk des Autors. Doch in welchem Verhältnis stehen sie zueinander? Seit es Literaturkritik und Literaturwissenschaft gibt, besteht die Neigung, das Werk aus der Biographie des Autors abzuleiten und zu erklären. Auch Prousts *Recherche* sah man schon zu seinen Lebzeiten als einen autobiographischen Bericht an, zumal der Erzähler in der Ich-Form spricht und dazu auch noch *Marcel* genannt wird. Im Bekanntenkreis des Autors forschte man nach Personen, die für die Figuren des Romans Modell gestanden haben könnten. Proust hat sich entschieden gegen eine solche Sichtweise gewehrt, indem er betonte, der Erzähler sei *ein Herr, der ich sagt* (*un monsieur qui dit je*), und Schlüssel (*clefs*) für die Personen gebe es einerseits überhaupt nicht, andererseits aber jeweils acht oder neun. Im Übrigen, so Proust, sei der Autor des Kunstwerks nicht die Person, die man kenne, die gesellschaftliche Persönlichkeit, sondern ein Tiefen-Ich (*moi profond*) jenseits aller sozialen Rollen und biographischen Zufälligkeiten. Die Proust-Forschung hat dieser Konzeption entsprechend jahrzehntelang jeden Biographismus mit einem Tabu belegt. Dies änderte sich erst mit den großen Biographien, die in den 1990er Jahren erschienen sind (Hayman, Tadié, Diesbach, Duchêne). Nun herrscht nur noch wenig Scheu, Text und Leben in eine unmittelbare Beziehung zueinander zu setzen. Hayman vor allem benutzt Zitate aus der *Recherche*, um Prousts Verhalten zu deuten. Sicherlich ist Jean-Yves Tadié[1] zuzustimmen, wenn er betont, die Biographie eines Autors müsse zuallererst eine Biographie seines Werks sein. Auch die pointierte These von Christian Péchenard[2] verdient Beachtung, der Erzähler des Romans sei der einzig wahre Marcel Proust. Wichtiger und bedeutsamer als die Identität von Leben und Werk ist also ihre Differenz.

Prousts literarische Biographie kulminiert in der Entstehung und Vollendung der *Recherche*. So betrachtet müsste seine Lebensgeschichte vom Ende her erzählt werden. Wenn die nachfolgende Darstellung der traditionellen Chronologie folgt, dann deswegen, weil alles Vorausgegangene letztlich die Vorgeschichte des großen Werks ist. Am Schluss wird den Hauptthemen der *Recherche* ein eigenes Kapitel gewidmet.

# Bürgerliche Geborgenheit in widriger Zeit

Es ist eine finstere Zeit, als Marcel Proust am 10. Juli 1871 im westlichen Pariser Vorort Auteuil zur Welt kommt. Kaum mehr als einen Monat liegt jene Blutwoche zurück, die dem Aufstand der Pariser Bevölkerung gegen die Versailler Regierung der III. Republik ein Ende setzt. Die «Commune» hat das Recht der Metropole auf Selbstverwaltung sowie das Recht der Nation auf Widerstand gegen die preußisch-deutschen Belagerer eingefordert, dazu ein soziales Mietrecht und ein laizistisches Schulsystem. Am 28. Mai werden die letzten Kommunarden auf dem Friedhof Père-Lachaise von Regierungstruppen erschossen, zu Füßen der «Mauer der Föderierten», wo sich noch heute alljährlich die Repräsentanten der französischen Linken zusammenfinden, um ihrer zu gedenken.

Es folgen Wochen und Monate der Repression: Tausende von Verdächtigen werden von Standgerichten zum Tod oder zur Zwangsarbeit in den Kolonien verurteilt. Dies ist das Ende des «Furchtbaren Jahres», wie Victor Hugo im Titel seiner Gedichtsammlung die Zeit vom Sommer 1870 bis zum Sommer 1871 nennt. Auf der Flucht vor seinen Verfolgern schreibt der Chansonnier Eugène Pottier jenes Lied, das später unter dem Titel «Internationale» weltweite Berühmtheit erlangen wird: «Das Recht des Armen ist ein leeres Wort.»

An der Wende zum Geburtsjahr Marcel Prousts: Marianne trauert um ihre Kriegstoten. Lithographie von Honoré Daumier, 1871

Einmal mehr durchlebt das französische Bürgertum einen Albtraum. Viele erinnern sich noch an den Aufstand der Pariser Arbeiter vom Juni 1848, den ebenfalls eine neue Republik blutig erstickt hat, und am Horizont erscheint das Gespenst der «Terreur» von 1793. Wieder einmal hat das Bürgertum seine gesellschaftliche Dominanz gerettet, doch die III. Republik muss nun mit einem kollektiven Trauma leben, das zu überwinden Jahrzehnte dauern wird.

Der Bürgerkrieg ist indessen nur die eine Seite eines zweifachen Traumas, dessen andere Seite die demütigende Niederlage Frankreichs im Krieg gegen Preußen und seine Alliierten ausmacht. Der schnelle Untergang des II. Kaiserreichs Napoleons III. nach der Schlacht von Sedan, die eilige Ausrufung der Republik am 4. September 1870, die monatelange Belagerung der Hauptstadt, verbunden mit Bombardements und Hungerkrisen, die erniedrigende Proklamation des preußischen Königs zum deutschen Kaiser im alten Königs-

## Deutsch-Französischer Krieg und Commune

**1870** Prinz Leopold von Hohenzollern-Sigmaringen, Kandidat für den spanischen Königsthron, sagt ab. Frankreich fordert einen Verzicht für alle Zukunft.

**13. 7.** Die von Bismarck formulierte Emser Depesche empfindet die französische Regierung als Provokation.

**19. 7.** Kriegserklärung Frankreichs an Preußen. Die süddeutschen Staaten schließen sich dem Norddeutschen Bund an.

**30. 8. – 2. 9.** Schlacht bei Sedan

**4. 9.** Absetzung Napoleons III. und Proklamation der Republik

**19. 9.** Beginn der Belagerung von Paris

**1871** **18. 1.** Proklamation des preußischen Königs Wilhelm I. zum deutschen Kaiser in Versailles

**28. 1.** Waffenstillstand

**12. 2.** Die Nationalversammlung tritt in Bordeaux zusammen. Provisorischer Regierungssitz ist Versailles.

**26. 2.** Vorfriede von Versailles: Abtretung des Elsass (ohne Belfort) und eines großen Teils von Lothringen (mit Metz). 10. 5.: Friede von Frankfurt

**18. 3.** Beginn der Commune

**21. – 28. 5.** Pariser Blutwoche. Rückeroberung der Hauptstadt durch die Versailler Truppen. Repression gegen die Kommunarden.

schloss Ludwigs XIV. von Versailles, schließlich die Kapitulation und der Friedensschluss von Frankfurt, der Frankreich zur Abtretung von Elsass-Lothringen zwingt, das nun in besonderer Weise Gegenstand kaiserlich-nationalistischer Selbstdarstellung wird: All diese Ereignisse schaffen jene deutsch-französische Beziehung, die der Begriff «Erbfeindschaft» besiegelt. Mit den Bedin-

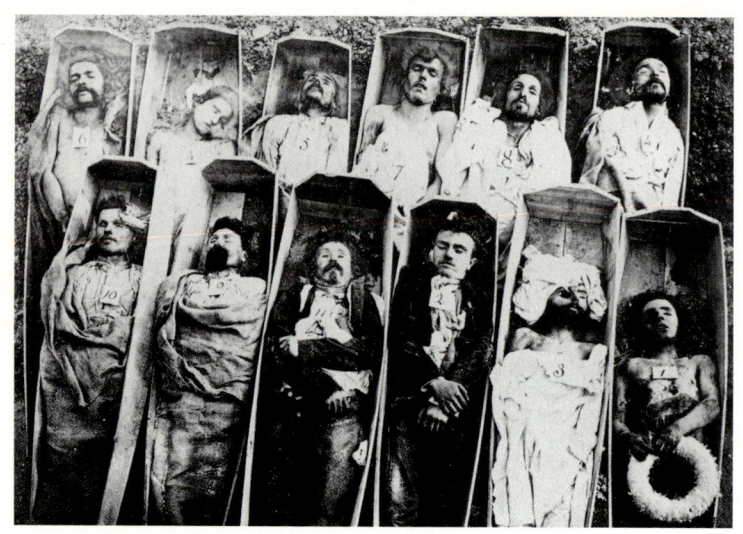

Zwölf Kämpfer der Commune von 1871, erschossen von
Soldaten der Versailler Regierung

gungen und den Voraussetzungen ihrer Entstehung hat die III. Republik lange zu kämpfen, bevor sie schließlich Ende des Jahrhunderts von der Mehrheit der Franzosen akzeptiert wird.

Auf die schwierigen Lebensumstände von 1870/71 führt Marcel Proust später seine fragile physische Konstitution zurück. Angesichts der unsicheren Situation der Hauptstadt, wo der Arzt Adrien Proust im Hospital La Charité dringend benötigt wird, begibt sich seine Frau Jeanne nach Auteuil, einem damals noch ländlichen Vorort, um im Haus ihres Onkels Louis Weil das Ende einer wohl ohnehin schwierigen Schwangerschaft und die Geburt ihres ersten Kindes zu erwarten. Allerdings ist auch Auteuil keine friedliche Idylle, vielmehr zählt es zu jenen Orten, die zwischen Kommunarden und Regierungstruppen heftig umkämpft sind.

Fast symbolisch mutet das Datum der Eheschließung zwischen Adrien Proust und Jeanne Weil an: Es war der 3. September 1870, der Tag der Niederlage bei Sedan, der Vorabend der Proklamation der III. Republik. Vor allem aber kann die Ehe als beispielhaft für die Zusammenführung unterschiedlicher Traditionen gelten: von konservativ-ländlichem Kleinbürgertum der «France profonde» und liberalem Großbürgertum jüdischer Herkunft. Die Familie Proust stammt aus dem kleinen Ort Illiers, wenige Kilometer von Chartres entfernt, auf der Grenze zwischen den Landschaften der Beauce und des Perche gelegen. Zum ersten Mal wird sie urkundlich im Jahr 1589 erwähnt. Bis zum 19. Jahrhundert gehen aus ihr vor allem Handwerker und Kleinhändler hervor. Adrien Proust wird 1834 geboren. Und es scheint so, als habe er sich mit dem Gedanken getragen, den Priesterberuf zu ergreifen, bevor er schließlich nach bestandenem Abitur in Paris das Medizinstudium aufnimmt. In gewisser Weise kann er als typisches Produkt der Bildungspolitik des II. Kaiserreichs angesehen werden. Die Ideologie dieses Regimes ist eine eigentümliche Mischung aus Traditionalismus und Fortschrittsglauben. Bleibt das Schulwesen dem konservativen Klerus ausgeliefert, so propagieren die Universitäten die Bildung einer bürgerlichen Elite auf dem Fundament des Glaubens an grenzenlosen wissenschaftlichen Fortschritt. Wie viele Akademiker seiner Zeit, vor allem Naturwissenschaftler, sieht auch Adrien Proust sein Metier als eine Art Mission an. Er entscheidet sich für das Gebiet der Hygiene und gilt schließlich als eine der großen Kapazitäten seines Fachs in Frankreich und sogar darüber hinaus. In der Forschung – er lehrt schließlich an der Pariser École de Médecine – wie auch in der Praxis sieht er es als seinen Auftrag an, die Menschheit von der Geißel der Epidemien zu befreien, denn noch 1866 ist in Paris eine Choleraepidemie ausgebrochen. Unter seinen Publikationen ist wohl «Le Traité d'hygiène publique» (1877) die wichtigste. Sie wird mehrmals aufgelegt und dient als Anleitung für gesundheitspolitische Maßnahmen. Auch an öffentlichen Ehrungen mangelt es nicht. Noch zu Zeiten des II. Kaiserreichs wird er zum Ritter der Ehrenlegion ernannt (1870), später zu deren Kommandeur befördert (1872). Unter all diesen Voraussetzungen verwundert es nicht, dass er den Regimewechsel von 1870 schadlos übersteht. Die bürgerliche und wissenschaftliche Elite der III. Republik unterscheidet sich zunächst kaum von der des Kaiserreichs. Es ist derselbe Glaube an den unbegrenzten technischen und ökonomischen Fortschritt, der sie alle miteinander verbindet und der sich nirgendwo angemessener ausdrückt als in den großen

Weltausstellungen, die in diesen Jahren in Paris stattfinden, zunächst 1855 und 1867, dann 1889 und 1900. Adrien Proust ist kein radikaler Republikaner und schon gar nicht antiklerikal gesinnt, er akzeptiert die Republik als das der Moderne angemessene politische System, zumal wenn es um die Verbreitung von Wissen geht. Seine katholische Herkunft verleugnet er deswegen nicht, er steht ihr jedoch mit wohlwollender Distanz gegenüber.

Der Vater Adrien Proust, dem konservativen Kleinbürgertum der Provinz entstammend, erfolgreicher Arzt und Wissenschaftler

Es ist der Geist eines solchen Liberalismus, in dem er sich mit der Familie seiner Frau Jeanne Weil trifft. Auch sie leugnet ihre jüdische Herkunft nicht, praktiziert aber nicht mehr die mosaische Religion im engeren Sinn. Ursprünglich kommt die Familie Weil aus dem Württembergischen, Ende des 18. Jahrhunderts ziehen sie nach Lothringen, schließlich lassen sie sich in Paris nieder. Sicherlich ist es die Revolution oder genauer eine ihrer Errungenschaften, nämlich die Emanzipation der Juden, die die Familie Weil wie so viele andere Juden nach Frankreich zieht. Die «Grande Nation» ist das erste europäische Land, das sie als gleichberechtigte Bürger anerkennt. Jeannes Vater Nathé (1814–96) steigt als Börsenmakler («agent de change») in das jüdische Finanzbürgertum auf, dessen wichtigste Repräsentanten schon unter Napoleon I. und König Louis-Philippe in den Adelsstand erhoben werden. Aus diesen Kreisen gehen auch namhafte Politiker hervor wie zum Beispiel der Republikaner Adolphe Crémieux, schon 1848 Minister, der 1870 als Trauzeuge bei der Eheschließung zwischen Adrien Proust und Jeanne Weil auftritt.

Auch die Vorfahren Jeanne Weils mütterlicherseits, die Familie Berncastel, ist aus Deutschland zugezogen und gehört gleichfalls dem Finanzbürgertum an. Sie alle haben sich die französische Tradition zu Eigen gemacht und identifizieren sich mit dem Geist der Aufklärung. Als überzeugte Anhänger des gesellschaftlichen Fortschritts sympathisieren sie zum Teil mit Frühsozialisten der saint-simonistischen Schule. Aus ihren Kreisen stammen die Ideen zum Suez- und zum Panamakanal. Napoleon III. macht sie zu seinen ökonomischen Beratern, ihnen obliegt die Reform des Bankwesens. Für sie alle ist Frankreich die kulturelle Heimat, zionistische Ideen finden bei ihnen keinen Anklang.

Die Mutter Jeanne Weil aus dem jüdischem Finanzbürgertum mit liberaler Tradition

Prousts Mutter verfügt über eine hervorragende Bildung, zumal auf dem Gebiet von Kunst und Literatur. Mit den Autoren des 19. Jahrhunderts, insbesondere den Romantikern Victor Hugo und George Sand, ist sie ebenso vertraut wie mit den Klassikern des 17. Jahrhunderts. In ihrer Korrespondenz liebt sie es, Anspielungen und Zitate zu benutzen, gern inszeniert sie auch kleine Dramen nach eigenem Gusto. Gewiss spielt sie in dieser auf Toleranz gegründeten Ehe, wie in bürgerlichen Kreisen des 19. Jahrhunderts üblich, die zweite Rolle gegenüber ihrem Ehemann. Sie akzeptiert eine gewisse christlich-katholische Erziehung ihrer Kinder, die sich im Wesentlichen auf Taufe und Kommunion beschränkt, und sie zeichnet verantwortlich für die gesellschaftlichen Verpflichtungen ihres Ehemanns, indem sie Empfänge und Soireen organi-

siert. So koexistieren in dieser Familie – wie in dem sie umgeben-
den Milieu – die christlich-katholische und die jüdische Tradition,

**Emanzipation der Juden durch die Französische Revolution**
Am 27. September 1791 werden alle in Frankreich lebenden Juden auf Beschluss der Verfassung gebenden Nationalversammlung zu französischen Staatsbürgern, unter der Voraussetzung, dass sie auf eventuelle Sonderrechte ihrer Gemeinschaft verzichten. Diese Emanzipation war eine logische Konsequenz aus der Erklärung der Menschenrechte. Solchermaßen zu Staatsbürgern geworden, waren die französischen Juden die ersten emanzipierten Juden in Europa.
Aus: Esther Benbassa, Geschichte der Juden in Frankreich

vereint im gemeinsamen Glauben an Kunst und Wissenschaft. Aus Anlass der Dreyfus-Affäre werden freilich auch im Hause Proust die alten kulturellen Konflikte wieder aufbrechen.

Die junge aufstrebende Familie – 1873 wird der zweite Sohn Robert geboren – benötigt ein ihren gesellschaftlichen Ansprüchen genügendes Domizil: So zieht man in eine geräumige Etagenwohnung am Boulevard de Malesherbes. Sie befindet sich in einem jener «grands immeubles», wie sie in der Epoche des II. Kaiserreichs entstanden sind und noch heute als typisch gelten können für die großen Boulevards zwischen Arc de Triomphe, Oper, der Madeleine und dem Bahnhof Saint-Lazare. Sie sind ganz und gar auf die Bedürfnisse des aufstrebenden Bürgertums zugeschnitten. Gegen Ende des 19. Jahrhunderts verfügen sie über Zentralheizung und Telefon, Aufzug und Bad.

In den Arrondissements des Westens und des Nordwestens sind die Bürger nun unter sich, das ‹Volk› existiert für sie nur in Gestalt von Domestiken, Dienstboten, Chauffeuren und Händlern.

Es darf wohl unterstellt werden, dass ein solcher sozialer Kontext auch die Wahrnehmung gesellschaftlicher Zusammenhänge des kleinen Marcel Proust entscheidend mitgeprägt hat. Die Nähe zum Adel indessen, die er in der *Recherche* suggeriert – aufgrund unmittelbarer Nachbarschaft zum Stadtpalais der Guermantes im Faubourg Saint-Germain, dem Viertel des alten Adels – hat in der Realität der Familie Proust nie existiert. Alle Wohnungen, die sie beziehungsweise Marcel Proust später allein beziehen werden, haben denselben Charakter und liegen in derselben Gegend.

Die Kinder aus den «beaux quartiers», den guten Vierteln, spielen in Begleitung ihrer Mütter und Zofen vorzugsweise in den Gärten der Champs-Élysées, im Parc Monceau oder auch im Bois de Boulogne, und sie amüsieren sich in dem für sie geschaffenen Jardin d'Acclimatation. Hier macht der kleine Marcel seine ersten Mädchenbekanntschaften: Es sind Antoinette und Lucie Faure, die Töchter des späteren Staatspräsidenten Félix Faure, sowie Marie de Bernadaky, einer russischen Emigrantenfamilie entstammend, von der er noch Jahrzehnte später sagen wird, sie sei der Rausch (*ivresse*) und die Verzweiflung seiner Kindheit gewesen.[3] Marcel, nicht gerade von robuster Konstitution, gilt als unterhaltsamer und liebenswürdiger Spielkamerad. Er versteht es, intelli-

## Paris im 19. Jahrhundert

Im Lauf des 19. Jahrhunderts verändert sich die französische Metropole schneller und grundlegender als je zuvor. Aus dem «vieux Paris», das teilweise noch mittelalterlichen Charakter trug, wird das «Paris nouveau», das bis heute sein Erscheinungsbild nicht wesentlich verändert hat. Schon in der ersten Hälfte des 19. Jahrhunderts setzt eine innerstädtische Migration ein. Während bis dahin Bürger, Handwerker und Adlige dieselben Viertel bewohnten (im Marais standen Bürgerhäuser und Handwerksbetriebe in unmittelbarer Nähe adliger Stadtpalais), ziehen nun die wohlhabenden Bürger aus dem Osten der Stadt in den Westen und der Adel in den Faubourg Saint-Germain. Die ärmeren Schichten aber, die durch den Zustrom von Arbeitern aus der Provinz ständig anwachsen, konzentrieren sich in den Arrondissements des Ostens und des Nordostens. Dort brechen aufgrund mangelnder Hygiene wiederholt Epidemien aus. Diese Viertel sind der Ausgangspunkt aller Volksaufstände und gefürchtet wegen ihrer hohen Kriminalität.

All diese Probleme zu lösen setzt sich die Politik des Seine-Präfekten Georges Haussmann (ab 1853) im Auftrag Kaiser Napoleons III. zum Ziel nach dem Motto «assainir, agrandir, embellir» («sanieren, vergrößern, verschönern»). Durch Eingemeindung der «petite banlieue» wächst die Stadt auf 20 Arrondissements an; die neuen Boulevards erlauben den Bau der komfortablen «grands immeubles»; die zentralen Markthallen sowie die «grands magasins» sichern die Versorgung der Bevölkerung, die Börse und die neuen Banken den freien Geldverkehr, Charles Garniers luxuriöse Oper befriedigt kulturelle Bedürfnisse, der neu angelegte Bois de Boulogne dient der Freizeit.

Doch diese Politik schafft vor allem dem wohlhabenden Bürgertum einen angenehmen Lebensraum zu Lasten der unteren Schichten. Der Bau-Boom und die Bodenspekulation machen die Mietpreise für das «Volk» unbezahlbar, das nun in die Vororte des Ostens und Nordens ausweicht, wo sehr bald der «rote Gürtel» der Metropole entsteht.

Proust mit Spielkameraden im Park Monceau.
Rechts wahrscheinlich Marie de Bernadaky

gent zu parlieren, und er beherrscht die Kunst komödiantischer Verstellung.

Gern macht man Ausflüge ins nahe Auteuil, wo Großonkel Louis Weil ein Landhaus mit einem großen und wunderschönen Garten besitzt. Er ist ein weit gereister und weltgewandter Mann und lebt mit einer gewissen Laure Hayman zusammen, einer Kurtisane, die in den frühen erotischen Phantasien des kleinen Marcel offensichtlich eine Rolle gespielt hat. Nicht wenige Biographen vertreten die Ansicht, sie kehre in der fiktiven Gestalt der Odette de Crécy, der Geliebten Swanns, wieder. Ein anderes Reiseziel der Familie Proust ist Illiers, der Heimatort des Vaters. Dort wohnt man im Hause der Elisabeth Amiot, der älteren Schwester Adriens. Ihr Ehemann Jules Amiot besitzt am Marktplatz ein Modegeschäft, ein «magasin de nouveautés», wie man damals zu sagen pflegt. Dass Proust der Tante in der *Recherche* mit der hypochondrischen Tante Léonie ein Denkmal gesetzt habe, wie Ghislain de Diesbach meint, beruht wohl eher auf Legendenbildung.[4]

Während Marcel das Haus des Onkels in Auteuil als einen Ort großbürgerlicher Liberalität erfährt, taucht er in Illiers eher in die Welt eines Kleinbürgertums ein, das noch nahezu ungebrochen in den Traditionen des alten Frankreichs lebt. Kirchliche Jahresfeste – wie etwa der Marienmonat – bestimmen weitgehend den Lebensrhythmus der Menschen. Gleichwohl entspricht Jules Amiot nicht so recht dem Bild eines konservativen Zeitgenossen. Er, der lange in Algerien gelebt hat und den Orient liebt, lässt sich ein türkisches Bad bauen und außerhalb des Ortes einen englischen Gar-

Der Marktplatz von Illiers, einem typisch französischen Provinzstädtchen. In der Bildmitte ist das Modegeschäft des Onkels Jules Amiot zu erkennen.

ten anlegen, den er «Pré Catelan» nennt unter Anspielung auf den gleichnamigen Garten im Bois de Boulogne. In dieser Umgebung entdeckt Marcel die Schönheit der Natur, die ihm wie eine Idylle erscheint. Die Fiktion der *Recherche* verwandelt beide Orte – Auteuil und Illiers – in einen dritten: Combray. Der kleine Provinzort wird sich später, die Berühmtheit seines größten Sohnes nutzend, Illiers-Combray nennen.

Bedeutsame Orte für den heranwachsenden Marcel sind die an der Atlantikküste der Normandie liegenden Seebäder. Sie werden in der zweiten Hälfte des 19. Jahrhunderts zu typischen Sommerfrischen des Pariser Bürgertums und teilweise auch des Adels. Dort entwickelt sich eine neue Form von Urlaubskultur. Ihren Aufschwung verdanken die Badeorte nicht zuletzt der Schaffung neuer Verkehrswege, insbesondere der Eisenbahn. Hier trifft sich die Hautevolee der Belle Époque, die ihren Wohlstand zelebriert und mit dem neuen Hofstaat, ihren Bediensteten, zur Schau stellt. Nicht zuletzt auch Künstler, Maler und Musiker sind hier gern gesehene Gäste. 1880 reist Marcel mit seiner Großmutter nach Dieppe, später sind es Houlgate und Trouville, nach der Jahrhundertwende Cabourg, wo man im Grand Hôtel an der Uferpromenade logiert, das bis heute die Zeiten überdauert hat. Auch in der *Recherche* spielen Sommerreisen und Aufenthalte in den Seebädern der Atlantikküste eine herausragende Rolle, und der Autor schafft eigens einen neuen fiktiven Ort: Balbec.

All dies scheint darauf hinzudeuten, dass der kleine Marcel in geordneten, ja idyllischen Verhältnissen aufwächst. Gleichwohl spielen sich hinter der glücklichen und harmonischen Fassade kleine Dramen ab. Die Geburt des Bruders Robert (1873) soll, so die meisten Biographen Prousts, für Marcel eine Katastrophe gewesen sein oder zumindest eine sehr ambivalente Beziehung eingeleitet haben. Doch Quellen hierzu gibt es nicht, es lassen sich allenfalls aus späteren Aussagen hypothetische Rückschlüsse ziehen. Entwickelt sich sehr bald eine Art Konkurrenzverhältnis zwischen den Brüdern, zumal wenn es darum geht, die Gunst der Eltern für sich zu gewinnen?

Sicher ist, dass Robert, psychisch und physisch robuster als sein Bruder, später im Gegensatz zu Marcel dem väterlichen Ideal entspricht und die gleiche Karriere mit ähnlichem Erfolg ein-

schlägt. Als eine Art Revanche Marcel Prousts sollte man freilich nicht die Tatsache anführen, dass der Erzähler der *Recherche* keinen Bruder hat. Robert Proust selbst sieht rückblickend keinerlei Probleme in den wechselseitigen Beziehungen: «So weit wie ich den Verlauf meiner Kindheitserinnerungen zurückverfolgen kann, bis hin zu jener unbestimmten Periode, wo sich die ersten Kristallisationen der Erinnerung bilden, finde ich ständig das Bild meines Bruders, wie er über mich wacht mit unendlicher, einhüllender und sozusagen mütterlicher Zärtlichkeit. […] Er hatte für mich immer die brüderliche und wohlwollende Seele des Älteren. […] Er war meine Vergangenheit; meine ganze Jugend war in seiner Individualität beschlossen.»[5] Nein, von Feindschaft zeugt eine solche Bemerkung gewiss nicht. Immerhin mag man feststellen, dass sie das Verhältnis der beiden zueinander nach dem Tod Marcel Prousts – zumal vor der Öffentlichkeit – nostalgisch zur Idylle verklärt. Was aber vor allem auffällt und nachdenklich stimmen muss, ist die Art, wie er das Verhalten seines Bruders charakterisiert, nämlich als ein nahezu mütterliches (und nicht väterliches). Überlagert in der Erinnerung des Bruders das Bild Marcels das ihrer Mutter?

Wir dürfen heute vermuten, dass Marcel sich selbst weitestgehend – zumindest unbewusst – mit der Mutter identifiziert hat. Er muss frühzeitig unter Verlustängsten gelitten haben. Manche Biographen – unter ihnen auch Tadié – führen als Beleg hierfür die berühmte Gutenachtkuss-Szene der *Recherche* an. Der Erzähler konnte als Kind nicht einschlafen, bevor seine Mutter ihm nicht den Gutenachtkuss gegeben hatte. Diese Szene könne nicht erfunden sein, so heißt es, weil sie in ähnlicher Form schon in früheren Textfragmenten wie zum Beispiel *Jean Santeuil* auftauche. Man mag an der Beweiskraft zweifeln, aber selbst wenn sie Fiktion ist, so bleibt gerade dann festzustellen, dass die Erfindung dieser Kindheitsepisode für den Erzähler wohl von existenzieller Bedeutung ist.

In der Pubertät antwortet Proust auf die Frage, welches das größte Unglück für ihn sei, *von Maman getrennt zu werden* (*être séparé de maman*). Zwischen der Mutter und ihm entwickelt sich ein besonders intimes Verhältnis, das offensichtlich den Bruder – auch aus der Perspektive Jeanne Prousts – an die zweite Stelle rückt. Marcel ist für sie immer *mon petit loup*, (*mein kleiner Wolf*), Robert *l'autre loup* (*der andere Wolf*). Wie sich heute aus ihrer Korrespondenz erschließen lässt, hat sich ein nahezu dramatischer Kampf um die wechselseitige Sympathie abgespielt. Marcel vermag sich zeit seines Lebens nicht gänzlich von ihr zu emanzipieren – und umgekehrt hat auch sie ihn niemals losgelassen. In gewisser Weise wird erst ihr Tod ihn befreien. Wenn es zutrifft, dass Homosexualität aus der symbiotischen Identifikation des Jungen mit der Mutter entsteht, dann ist sicherlich hier die Ursache für Marcel Prousts spätere gleichgeschlechtliche Neigungen zu suchen. Die These von der Kastrationsangst, wie Tadié sie vertritt, ist jedoch kaum nachvollziehbar.

Dem Neunjährigen widerfährt ein Erlebnis, das ihn für sein weiteres Leben prägen wird: Er erleidet seinen ersten asthmatischen Anfall. Sein Bruder schreibt später: «Im Alter von neun Jahren wurde Marcel, als wir einen langen Spaziergang im Bois de Boulogne gemacht hatten, von einer fürchterlichen Atemnot erfasst, die ihn in Gegenwart meines entsetzten Vaters beinahe dahingerafft hätte.»[6] Diese Krankheit, verbunden mit zahlreichen Begleiterscheinungen und Nebenwirkungen wie etwa dem Heuschnupfen, zwingt ihm von nun an eine bestimmte Lebensweise auf. Er wird sein Asthma therapieren, es mit den seltsamsten Methoden behandeln, nicht selten zum eigenen Schaden, Heilung aber wird er nie erfahren. Auch sein Vater, der berühmte Hygieniker, steht der Erkrankung Marcels machtlos gegenüber. Aber hat diese Krankheit nur physische Ursachen? Eines erscheint sicher: Er benutzt sie fast wie eine Waffe, entwickelt komplexe Strategien, mit denen er eigene Zwecke und Ziele zu erreichen versucht, vor allem wenn es darum geht, die Zuwendung seiner Mutter zu

Der heranwachsende Marcel bedarf aufgrund seines Asthmaleidens der besonderen Fürsorge.
Foto von Paul Nadar

erzwingen. Auch noch als erwachsener Mann, wenn es etwa um die Publikation seines Werks geht, wird er seine Krankheit als Entschuldigung ins Feld führen, allerdings mit dem Ergebnis, dass ihm manche nicht mehr glauben, als er tatsächlich todkrank ist.

Im Herbst 1882 beginnt ein entscheidender Abschnitt in der schulischen Laufbahn Marcel Prousts: Er wird in die Quinta des Lycée Condorcet aufgenommen. 1803 in einem ehemaligen Kapuzinerkloster gegründet, ist es das typische Gymnasium des neuen aufstrebenden Bürgertums in den Vierteln der Rive droite, des rechten Seineufers. Zwar kann es mit der intellektuellen Tradition der großen Schulen im Quartier Latin nicht konkurrieren, mit Louis-le-Grand, Saint-Louis oder Henri-IV, doch dafür zeichnet es sich durch größere Liberalität aus, schließlich war sein Namensgeber der Aufklärer Antoine Condorcet, der in der Epoche der Revolution das Schulwesen von Grund auf reformierte. Seine Überzeugung, dass gesellschaftlicher Fortschritt im Wesentlichen auf der Verbreitung von Wissen beruht, lebt im bürgerlichen Positivismus des späten 19. Jahrhunderts fort. So sind am Lycée Condorcet einerseits die naturwissenschaftlichen Fächer, andererseits aber auch die «Lettres», das heißt Literatur und Philosophie Schwerpunkte der Bildung. Zahlreiche namhafte Schriftsteller und Wissenschaftler sind aus ihm hervorgegangen. Der berühmte symbolistische Lyriker Stéphane Mallarmé zählt zu Prousts Zeiten zu den Lehrern der Schule. Großen Wert legt man auf die Ausbildung und Förderung der Fähigkeit zu schreiben. Einer der Französischlehrer Marcels ist Maxime Gaucher, der selbst an den Zeitschriften «La Presse littéraire» und «La Revue bleue» mitarbeitet. Später – in der Prima – wird er Proust seine Texte zur Lektüre und Korrektur vorlegen. Sehr früh erkennt man hier offensichtlich Prousts literarische Begabung. Dies mag auch der Grund dafür sein, dass man seine häufige Abwesenheit wegen Krankheit zu tolerieren bereit ist. Im letzten Schuljahr hat er einen Philosophielehrer, Alphonse Darlu, der seinem Denken die entscheidende Richtung gibt. Er ist Kantianer und wird Prousts lebenslange Vorliebe für einen kritischen Idealismus prägen. Ein Jahr zuvor, in der «classe de rhétorique», wie man damals noch zu sagen pflegt, hat sich eine Gruppe von Schülern zusammengefunden, die den Versuch unternimmt, eine literarische Zeitschrift zu lancieren. Sie

existiert von Herbst 1887 bis zum folgenden Frühjahr und nennt sich «Le Lundi», entsprechend der alten Bezeichnung «lundi» für die am Montag in den Tageszeitungen erscheinende Literaturkritik. Proust publiziert dort einige Artikel, aber auch erste Gedichte im Stil der symbolistischen Mode. Zu dieser Gruppe von jungen Autoren zählen außerdem Daniel Halévy, der Sohn des Komponisten Fromental Halévy und Neffe von Ludovic Halévy, der zusammen mit Henri Meilhac berühmte Operettenlibretti verfasste, Fernand Gregh, der spätere Symbolist, Robert de Flers, Jacques Bizet, der Sohn des Komponisten, sowie Robert Dreyfus, der später über ihre Beziehungen berichten wird.

In diesem Kreis macht Proust, so scheint es, erste homosexuelle Erfahrungen. Sein Vertrauter ist wohl zunächst Daniel Halévy. Proust widmet ihm ein Sonett mit dem Titel *Pédérastie*. Als der Freund sich schockiert gibt, Marcel einen «blasé» nennt, schickt dieser ihm einen Brief, der schon fast wie ein Geständnis

25

anmutet. Als Argument zu seiner Rechtfertigung führt er an, auch
andere seien ja, nachdem sie sich in ihrer Jugend mit Freunden
amüsiert hätten, zu den Frauen zurückgekehrt. Und schließlich
hätten auch Sokrates und Montaigne sinnliche und zugleich intellektuelle Freundschaften in ihrer Jugend höher eingeschätzt als
die Verbindungen mit dummen und korrumpierten Frauen.[7]
Mehr noch als Halévy scheint jedoch Jacques Bizet Prousts Zunei-

gung zu wecken. Adrien und Jeanne Proust ahnen offensichtlich, was vor sich geht, und verbieten schließlich ihrem Sohn den privaten Umgang mit Bizet, der im Übrigen keine homoerotischen Neigungen erkennen lässt. Wenn man sich daran erinnert, dass in dieser Epoche die «Inversion», wie man in bürgerlichen Kreisen zu sagen pflegt, noch schlicht als Verbrechen angesehen wird, dann ist die Besorgnis der Eltern zu verstehen. Und wenn sein Vater ihm schließlich den Besuch von Bordellen empfiehlt, um sich seiner Bedürfnisse zu entledigen, so entspricht dies nicht nur der bourgeoisen Doppelmoral der Zeit, sondern auch vermeintlich wissenschaftlichen Erkenntnissen des späten 19. Jahrhunderts im Fach der Hygienik, das Adrien Proust bekanntlich vertritt. Marcel Proust jedoch wendet sich einer anderen Praxis zu, wenn seiner Leidenschaft das Objekt fehlt: der Onanie. Doch auch sie gilt den Zeitgenossen als Perversion, als gesundheitsschädigende dazu.

Gegenüber seinen Freunden spielt Marcel ein Spiel, das seine Haltung für alle Zukunft charakterisieren wird. Er versucht – offensichtlich mit Erfolg – gegen das Bild anzukämpfen, das man sich nun von ihm macht. In einem Brief an Robert Dreyfus wendet er sich gegen die Vorstellung, es gäbe festgelegte Charaktere. Dies sei nur eine hypothetische Konstruktion aus der Perspektive der anderen. Er selbst sei manchmal ein *Monsieur romanesque* (*romanesker Herr*) manchmal ein *Monsieur défiant* (*misstrauischer Herr*) – und zugleich vieles andere mehr. So ist er darum bemüht, sich der Beurteilung und der Verurteilung durch die anderen zu entziehen. Seine Strategie ist offensichtlich aufgegangen. Viele Jahre danach bekennt Dreyfus, die Freunde hätten Proust nicht verstanden, weil er von anderer Art als sie gewesen sei. Erst später hätten sie begriffen, dass sich hinter seinen Worten voller Liebenswürdigkeit und Zärtlichkeit ein tiefes Bedürfnis nach menschlicher Wärme verborgen habe.[8] So verwandelt sich in der Rückschau die sexuelle Andersartigkeit in das Merkmal des unverstandenen Genies. Proust aber hat zeit seines Lebens seine Homosexualität nie wieder offen eingestanden. Schon der Siebzehnjährige bemüht sich, ein Verhalten an den Tag zu legen, das Normalität bekunden soll. Er macht zahlreichen Frauen den Hof, zunächst Laure Hayman, der Geliebten seines Großonkels Louis Weil, bald auch Madame Geneviève Straus, der Mutter seines Freundes Jacques Bizet.

# Zwischen Universität und Salons

Welche Laufbahn wird der Sohn aus guten bürgerlichen Verhältnissen einschlagen? Nach dem bestandenen Abitur im Sommer 1889 stellt sich diese Frage unausweichlich für Marcel Proust. Zunächst bekommt er allerdings noch einen Aufschub: Er profitiert von einer auslaufenden Regelung, die es ihm erlaubt, seinen Wehrdienst in lediglich zwölf Monaten zu absolvieren. Er tut dies in Orléans als Rekrut des XX. Infanteriebataillons. Fotos aus dieser Zeit lassen ihn in seiner Uniform etwas deplatziert erscheinen, insgesamt aber ist dieses Jahr für ihn keine negative Erfahrung, zumal er als Externer mit Anrecht auf eine eigene Wohnung über gewisse Freiheiten verfügt. Auch knüpft er neue Freundschaften, so zu Anatole France, oder vertieft bestehende, etwa zu Gaston Arman de Caillavet. Eines ist gewiss: Der Wehrdienst macht ihn weder zu einem militaristischen Nationalisten noch zu einem Pazifisten, zwei konträre Haltungen, die zu dieser Zeit in Frankreich unter den jungen Erwachsenen verbreitet sind.

Im Herbst 1890 jedoch ist die Wahl eines Studienfachs unvermeidlich. Im Grunde gibt es nur drei Möglichkeiten. Soll er wie sein Vater den Beruf eines Mediziners anstreben? Doch dagegen spricht aus Marcel Prousts Perspektive die eigene kränkliche Konstitution. Sein Bruder hingegen wird einige Jahre später dem Wunsch des Vaters Folge leisten. Die andere Alternative ist das Jurastudium mit dem Ziel der «haute magistrature», der hohen Verwaltung. Die letzte Möglichkeit, die offensichtlich sein Vater favorisiert, ist die diplomatische Laufbahn auf der Basis eines erweiterten Jurastudiums an der École des Sciences politiques, in das auch Fächer wie Philosophie und Geschichte integriert sind. In einem Brief an seinen Vater lässt Marcel jedoch keinen Zweifel daran, was ihn eigentlich interessiert: Er möchte die Erlaubnis erhalten, seine literarischen und philosophischen Studien fortzusetzen. Dann wäre er auch bereit, sich auf eine Laufbahn im Außenministerium vorzubereiten. Fast wie eine maliziöse Anspielung, die seinen Vater verletzen muss, klingt es, wenn er erklärt, anstatt in eine Kanzlei einzutreten, würde er doch lieber bei einem Börsenmakler beschäftigt sein. Ist dies ein kaum verhüllter Hinweis auf die Tradition der mütterlichen Linie und die Herkunft des Reichtums der Familie? Alles außer Literatur und Philosophie sei für ihn letztlich verlorene Zeit. Der diplomatische Dienst scheine ihm zwar nicht seine Berufung zu sein, könne aber als ein Heilmittel gelten.[9] Als ein Mittel zu welchem Zweck? Vielleicht hofft er, die Tätigkeit des Diplomaten werde ihm hinreichend Zeit lassen, seinen literarischen Ambitionen nachzugehen. Aber kann er sich zu diesem Zeitpunkt seiner künstlerischen Berufung schon sicher sein?

Der Kompromiss mit seinem Vater sieht vor, dass er zwar Jura an der École des Sciences politiques studiert, gleichzeitig aber an der Sorbonne Vorlesungen in Philosophie und Geschichte hört. Historiker wie Albert Sorel, Denker wie Paul Desjardins und Henri Bergson beeinflussen ihn zutiefst, und es wird deutlich, welche Position er langfristig in den ideologisch-philosophischen Auseinandersetzungen seiner Zeit einnehmen wird. Gegen die positivistisch-szientistische Tendenz, die auch als naturwissenschaftlicher Materialismus bezeichnet werden kann, wendet sich Proust einem aktualisierten Idealismus zu, der einerseits auf die deutsche Tradition von Kant bis Schopenhauer zurückgeht, andererseits aber auch dem Denken Bergsons verpflichtet ist, der Moral, Metaphysik und Ästhetik neu zu begründen versucht. Dabei ist die Nähe von Kunst und Philosophie, die wechselseitige Durchdringung beider, für den künftigen Literaten von besonderer Bedeutung. All diese Fragen interessieren Proust in ganz anderer Weise als sein Studium der Rechte, und dies dokumentiert auch sein erstes Scheitern: Im August 1892 fällt er im Juraexamen des zweiten Studienjahrs durch. In einem Brief an seinen Freund Robert de Billy zeigt er sich eher besorgt um die Reaktion seiner Familie (*ma famille est dans le marasme – meine Familie ist am Boden zerstört*[10]) als um seine eigene Karriere. Drei Jahre später erwirbt er mit der Licence ès lettres einen Abschluss im Fach Philosophie. Im Sommer 1895 übernimmt er eine unbezahlte Stelle an der Bibliothèque Mazarine.

Mit sehr viel mehr Intensität als die Hörsäle der Rechtswissenschaft frequentiert Marcel Proust offensichtlich die großen Salons seiner Zeit. Hier macht er jene Bekanntschaften, die für sei-

Madame Geneviève Straus, geb. Halévy, verwitwete Bizet. Gemälde von Jules Élie Delaunay, 1878. Paris, Musée d'Orsay

nen späteren Erfolg als Schriftsteller von Bedeutung sein werden. Zunächst allerdings scheint ihn vor allem «le monde» selbst zu faszinieren, jene Welt, die gern als Zentrum des gesellschaftlichen und kulturellen Lebens angesehen werden möchte. Seine Laufbahn als «mondain» beginnt Proust in Salons, die von Müttern seiner Freunde geführt werden: so etwa von Geneviève Straus, der Mutter von Jacques Bizet und Witwe des Komponisten Georges Bizet, die nun verheiratet ist mit dem bekannten Advokaten Émile Straus, wahrscheinlich einem unehelichen Sohn aus dem Hause Rothschild. Zu erwähnen sind auch die Salons von Laure Baignères und ihrer Schwägerin Charlotte Baignères sowie von Madeleine Lemaire, einer Künstlerin, mit der Proust einige Jahre später zusammenarbeiten wird.

Von herausragender Bedeutung jedoch ist der Salon der Madame Arman de Caillavet, auch sie die Mutter eines Freundes. Léontine Lippmann, so ihr ursprünglicher Name, stammt aus dem jüdischen Finanzbürgertum deutscher Herkunft. Der scheinbare Adelstitel ihres Mannes ist nur ein kleines Täuschungsmanöver: Das «de» bezeichnet lediglich den Heimatort der Familie seiner Mutter. Léontine Arman ist die Geliebte des Schriftstellers Anatole France, in den 1890er Jahren einer der Wortführer der französischen Literatur schlechthin und zeitlebens ein Vorbild für Proust. Der soll ihn einmal gefragt haben, wie er es schaffe, so viele Dinge zu wissen. «Das ist ganz einfach», hat France angeblich geantwortet, «als ich so alt war wie Sie, war ich nicht so hübsch wie Sie, ich gefiel kaum, ging nicht in die gute Gesellschaft, ich blieb zu Hause und las, las ohne aufzuhören.»[II]

Im Salon der Arman de Caillavet verkehren namhafte Politiker wie Henri Poincaré, Georges Clemenceau und Jean Jaurès, vor allem aber Literaten wie Marcel Schwob, Charles Maurras und Maurice Barrès, gleichfalls ein Autor, den Proust lange Zeit verehren wird. Im großen Kreis – bis zu hundert Personen – versammelt man sich sonntags, im engeren Freundeskreis («en petit comité») mittwochs zum Diner. Homogen sind die Anschauungen nicht, die hier vertreten und in ‹dirigierter Konversation› diskutiert werden, weder in politischer noch in literarischer Hinsicht. Da steht auf der einen Seite der antidemokratische Monarchist Maurras, er wird als Antisemit in der Dreyfus-Affäre und selbst noch in der Kollaboration während des Zweiten Weltkriegs eine unwürdige Rolle spielen; auf der anderen Seite des ideologischen Spektrums ist der Sozialist und Pazifist

**Anatole France (1844–1924)** In seinen Romanen, die um die Figur des Jacques Tournebroche und seinen Lehrer, den freisinnigen Kleriker Jérôme Coignard, kreisen, bemüht er sich, den Geist und den Lebensstil der Frühaufklärung zu aktualisieren. Mit der Gestalt des Professors Bergeret wendet er sich sozialrevolutionären Ideen zu. 1921 tritt er in die Kommunistische Partei ein, im selben Jahr erhält er den Nobelpreis. Ähnlich wie Victor Hugo und Émile Zola vor ihm repräsentiert er eine ganze Epoche.

Jaurès zu Hause, der 1914 Mordopfer fanatischer Chauvinisten werden wird. Literarisch-ästhetisch liegen Welten zwischen einem Anatole France und einem Maurice Barrès. Offensichtlich aber kommt es in diesen Kreisen gar nicht darauf an, sich auf bestimmte Meinungen festzulegen, sondern es geht eher um das Prinzip der Konversation selbst. Insofern stehen diese Salons in einer alten französischen Tradition, die bis ins 17. Jahrhundert zurück reicht. Doch anders als in der Epoche der Klassik ist nun die Presse das entscheidende Medium der literarischen Öffentlichkeit, die Salons dienen lediglich noch der Schaffung und Pflege von Beziehungen.

Der Eindruck, den Proust in der *Recherche* zu erwecken versucht, wenn er an der Spitze der Hierarchie die aristokratischen Salons platziert, entspricht nicht der Realität seiner Zeit. Die großen Salons des 19. Jahrhunderts sind nahezu ausnahmslos bürgerlichen Charakters, ihren Ort haben sie in der Regel im Finanzbürgertum vor allem jüdischer Provenienz. Eine Ausnahme macht allenfalls der Salon der Prinzessin Mathilde, den Proust gleichfalls frequentiert. «Notre-Dame-des-Arts», wie man sie genannt hat, ist die Tochter von Jérôme Napoléon, dem König von Westfalen, die Nichte Napoleons I. und die Cousine Napoleons III. In der Epoche des Second Empire (1852–70) hat ihr Salon eine integrierende Funktion: Er neutralisiert gleichsam die literarische und im Grunde auch die politische Opposition gegen das II. Kaiserreich. Gustave Flaubert, die Brüder Goncourt, Alexandre Dumas der Jüngere und Alphonse Daudet sind hier gern gesehene Gäste. Im späten 19. Jahrhundert, in den Zeiten der III. Republik, ist wenig vom früheren Glanz geblieben und die alternde Prinzessin nur noch ein Schatten ihrer selbst. Ein adliger Salon alten Stils ist er im Übrigen nie gewesen, denn die Aristokratie des Ancien Régime hat immer voller Verachtung auf den napoleonischen Neuadel herabgesehen.

Mögen die Salons, die Proust frequentiert, in der Regel auch bürgerlichen Charakters sein, so macht er doch hier Bekanntschaft mit Damen aus dem Hochadel, die seine Verehrung gern entgegennehmen. Die Comtesse Laure de Chevigné und die Comtesse Élisabeth Greffulhe, geborene Caraman-Chimey, vermitteln ihm zudem die Illusion, er selbst könne eines Tages Zugang finden zu jener Bastion des alten Adels, die der Faubourg Saint-Germain in dieser Epoche immer noch darstellt. Man hat Proust auch gern als Snob gekennzeichnet, und dies bedeutet im ursprünglichen Sinn des Wortes, dass er ein gesellschaftliches Image zu erlangen sucht, das sich nicht aus seiner Herkunft ableitet. Anstatt wie die meisten zeitgenössischen Autoren – etwa Émile Zola – den Konkurrenzkampf auf dem literarischen Markt aufzunehmen und sich auf diese Weise zu etablieren, will Proust offensichtlich eine Art neue Aura jenseits der Mechanismen der Warengesellschaft schaffen. Dies dokumentieren die Bekanntschaften und Freundschaften, die er in den Salons schließt, wie auch die Wahl der Zeitschriften, in denen er nun seine ersten literarischen Versuche veröffentlicht. «Le Mensuel», «Le Banquet» und vor allem «La Revue blanche» (ab 1892) sind Organe einer ästhetischen Opposition, die die künstlerische Produktion als Protest gegen die ökonomische Grundtendenz der Epoche ansieht. «La Revue blanche» steht den Symbolisten nahe, die schon längst die Dichtung für ein Marginalphänomen der modernen Gesellschaft halten, aber gerade daraus ihre Originalität und Dignität ableiten. Politisch sympathisiert diese Opposition mit der anarchistischen Bewegung, ohne sich wirklich zu engagieren, und dokumentiert auch auf diese Weise, dass sie sich im Generalstreik gegenüber dem Bestehenden befindet. Neben dem Hermetiker Stéphane Mallarmé, der die Sprache des alltäglichen Gebrauchs zerschlagen möchte, um das ursprüngliche Idiom der Dichtung wieder zu finden, zählt auch Paul Verlaine, der «poète maudit» und Bohemien, der der lyrischen Dichtung die suggestive Kraft der musikalischen Sprache zurückgeben möchte, zu ihren Autoren. Beide gelten als Symbolisten, obwohl sie sich nie als solche bezeichnet haben. Auf Gustave Kahn und René de Gourmont trifft diese Bezeichnung zu, während Fernand Gregh und Jules Renard der «école symboliste» eher distanziert gegenüberstehen. Dies gilt auch für Proust, dessen *Études* (publiziert 1893) sich schwerlich einer bestimmten Schule zuordnen lassen.

Plakat für «La Revue Blanche», Monatsschrift aus dem Umkreis der Symbolisten, in der frühe Werke Prousts publiziert wurden. Farblithographie nach Pierre Bonnard, 1894

In wenigen Jahren hat Proust eine erstaunliche Entwicklung durchlaufen, mögen auch seine Texte im Vergleich zu denen anderer Autoren nicht besonders bahnbrechend erscheinen. Worauf es ihm als Literat und als Persönlichkeit anzukommen scheint, ist offensichtlich eine gewisse Andersartigkeit darzustellen. Man kann dies als eine Wiederaufnahme des Dandytums aus dem 19. Jahrhundert interpretieren. Charles Baudelaire hat in seinem Essay «Der Maler des modernen Lebens» (1859/63) den «dandysme» als eine typische Erscheinung der Übergangsepoche von der Aristokratie zur Demokratie beschrieben. Angesichts des heraufziehenden Zeitalters der Massen und der allseitigen geistig-moralischen Nivellierung ist der Dandy darum bemüht, seine Originalität und die aristokratische Überlegenheit seines Geistes zur Schau zu stellen. Dem «dandysme» eignet ein letzter heroischer Glanz in den Zeiten der Dekadenz, er ist nach Baudelaire eine «untergehende Sonne» («soleil couchant»).

Proust scheinen dergleichen Gedankengänge zu faszinieren, obwohl er nie im strengen Sinn ein solcher Dandy sein wird. Aber er lernt im Salon der Madeleine Lemaire die lebende Inkarnation dieses Typs kennen, der zudem noch aus ältestem Adel stammt: Robert de Montesquiou. Zeit seines Lebens bleibt dieser Aristokrat darum bemüht, sein Anderssein zur Schau zu stellen. Seine manierierte Lyrik, deren barock-verstiegener Gestus im Grunde nur gedankliche Leere übertüncht, zeugt von geistiger Sterilität eher als von literarischer Originalität. Doch darauf kommt es wohl auch gar nicht an. Bedeutsamer als sein Werk ist seine Person, oder besser: Seine Person, seine Erscheinung ist sein Werk. Als Ästhet und «décadent» präsentiert er sich selbst wie ein Kunstwerk. Es heißt, der Autor Joris-Karl Huysmans habe ihm in seinem Roman «A rebours» («Gegen den Strich», 1884) mit der Figur des Des Esseintes ein Denkmal gesetzt. Des Esseintes ist die Glorifizierung der Kunst als Künstlichkeit («artifice») gegen alles Natürliche und zugleich die Propagierung einer Kunst, die sich der sozialen Kommunikation verschließt, um in der Einsamkeit ihre vermeintliche Überlegenheit zu genießen. Proust empfindet für den älteren Montesquiou

**Charles Baudelaire (1821–67)**
Der Sohn eines ehemaligen Priesters, der sich der Revolution angeschlossen hatte, gerät frühzeitig in Gegensatz zu seinem Stiefvater, den er mit gesellschaftlicher Repression schlechthin identifiziert. Gegen die Zwänge des Schulsystems revoltierend, schließt er sich der Pariser Boheme an, kämpft 1848 auf den Barrikaden und arbeitet an einem Gedichtband, «Les Fleurs du Mal», der einen Skandal verursacht (1857). In seinen kunstkritischen Essays begründet er eine Ästhetik der Modernität, die er in seinen literarischen Texten zu verwirklichen sucht. Sie basiert auf den flüchtigen Begegnungen der Großstadt sowie auf der Wahrnehmung der gesellschaftlich und moralisch Marginalisierten. Er stirbt, bevor er sein Prosawerk «Le spleen de Paris» vollendet hat (postum 1869).

eine tiefe Verehrung, und ihre Freundschaft wird Jahrzehnte überdauern; gleichwohl muss der Autor der *Recherche* seine eigene literarische Berufung gegen das Exempel des Dandy realisieren.

Zu Prousts Freunden zählen aber nicht nur junge Literaten – unerwähnt blieben bisher die Söhne Daudets, Léon und Lucien –, sondern auch bildende Künstler und Komponisten. Von herausragender Bedeutung ist die langjährige Beziehung zu Reynaldo Hahn. Einer deutsch-venezolanischen Familie entstammend – sein Vater, ein jüdischer Kaufmann aus Hamburg, hat in der Neuen Welt ein Vermögen gemacht –, studiert er in Paris bei Camille Saint-Saëns. Sein Werk umfasst Orchesterkonzerte, Kammermusiken, Lieder und Opern wie zum Beispiel «Die Trauminsel» nach dem Roman «Le mariage de Loti», der auch zu den Lieblingslektüren von Proust gehört. Seine Kompositionen erscheinen heute nicht mehr besonders originell, vielleicht deswegen, weil er vor allem dem Geschmack des Salonpublikums zu entsprechen versucht hat. Sein Bemühen zielt auf die Synthese von Mozart-Stil und fran-

Reynaldo Hahn, Komponist deutsch-venezolanischer Herkunft und jahrzehntelanger Freund Prousts

zösischer Kompositionsweise des 19. Jahrhunderts. Proust verdankt ihm ohne Zweifel wichtige Einsichten in die Probleme musikalischen Schaffens, wenn auch seine eigene Vorliebe eher Beethoven und Wagner sowie den Zeitgenossen Claude Debussy und Gabriel Fauré gilt. Zwischen den beiden jungen Künstlern entwickelt sich eine intensive und lange Zeit wohl auch erotische Beziehung, wie sich aus ihrer Korrespondenz ablesen lässt. Proust widmet ihm sein Porträt von Jacques-Émile Blanche, und Hahn wird es bis an sein Lebensende wie eine Ikone aufbewahren.

# Die erste Buchpublikation: «Freuden und Tage»

Im Juli 1896 publiziert der Verlag Calmann-Lévy Prousts Erstlingswerk *Les plaisirs et les jours* (*Freuden und Tage*). Der Titel spielt auf ein lyrisches Werk des griechischen Autors Hesiod an, das in der französischen Übersetzung «Les travaux et les jours» heißt. Hierin darf durchaus eine ironische Pointe vermutet werden: Der junge – kaum fünfundzwanzigjährige – Verfasser situiert sich selbst jenseits des Prinzips Arbeit, dem der Romancier Zola einige Jahre später den Roman «Travail» widmet und das er zudem noch als eines der vier neuen Evangelien ausgibt. Proust macht sich zum Sprecher einer gesellschaftlichen Kaste, für die das Prinzip der Freude bzw. des Vergnügens an erster Stelle steht. Auch dies ist eine Facette des Snobismus in seiner Zeit. Allerdings zielt dieses Werk letztlich in eine andere Richtung, sodass ihm schließlich der Titel *Leiden und Ewigkeit* besser entsprechen würde.

Das Buch soll sich offensichtlich aus der Masse der Publikationen herausheben. Schon seine Erscheinungsform weist es als ästhetisches Kultobjekt aus. In gewisser Weise kommt es zeitgenössischen Vorstellungen vom Gesamtkunstwerk entgegen, die vor allem mit der Wagner'schen Musik in Frankreich heimisch wurden, Vorstellungen, wie sie unter anderem auch von Mallarmé vertreten werden. Die relativ großformatige Originalausgabe hat einen blassgrünen Einband. Die befreundete Künstlerin Madeleine Lemaire hat das Frontispiz, so genannte «culs-de-lampes» (Schlussvignetten) und zahlreiche weitere

---

**Émile Zola und der Naturalismus**
Unter Berufung auf Balzac und Stendhal propagiert Zola den naturalistischen Roman, der so weit wie möglich einem naturwissenschaftlichen Experiment entsprechen soll. Die zwanzig Bände des Zyklus «Les Rougon-Macquart» beherrschen die Romanproduktion der 1870er und 1880er Jahre. Als einer der ersten Autoren beschreibt Zola ökonomische Phänomene wie das Warenhaus («Au bonheur des dames»), die Börse («L'argent»), den Großmarkt («Le ventre de Paris») und den Bergbau («Germinal»). Er glaubt, mit seinen Romanen an der Lösung sozialer Konflikte mitwirken zu können.

Illustrationen geschaffen. Die Vignetten mit Blumenmotiven erinnern an Vasen von Émile Gallé im Stil des Art Nouveau. Hinzu kommen Partituren von Reynaldo Hahn, der die Gedichte «Porträts von Malern und Komponisten» vertont hat. Die Auflage beträgt 1500 Exemplare, die auf Kosten des Autors gedruckt werden. Auch der Preis von 13,50 Francs deutet an: Dieses Buch ist den Happy Few zugeeignet. Außer der Normalausgabe gibt es noch zwei Luxuseditionen: dreißig Exemplare auf Chinapapier und zwanzig Exemplare auf Japanpapier mit einem Originalaquarell von Madeleine Lemaire. Damit wendet sich der Autor von den gerade auch auf dem Buchmarkt immer zahlreicher werdenden Massenproduktionen ab. Die geringen Verkaufszahlen – in 22 Jahren gehen nur 329 Exemplare vom Verlag in den Buchhandel – sind so betrachtet für den Autor kein Makel, sondern im Gegenteil ein Gütezeichen.

Diese letztlich äußerlichen Merkmale, auch wenn sie absichtsvoll in Szene gesetzt worden sind, haben lange Zeit die Sicht auf die Tiefendimensionen dieses Werks verstellt. Noch Maurice Bardèche[12] vertritt die Auffassung, diese Textsammlung sei ein Schaufenster, in dem Luxusobjekte ausgestellt würden. Jahre zuvor hat André Maurois[13] die Meinung geäußert, dieses Werk lasse nicht voraussehen, dass der Autor eines Tages ein großer Erfinder und Neuerer in der Literatur sein werde, vielmehr gleiche das Buch zahlreichen anderen seiner Zeit. Ganz anders urteilt André Gide schon im Jahr 1923.[14] Die Qualitäten dieses Buches seien für ihn so auffällig, dass er nicht mehr verstehen könne, warum man nicht sofort von ihnen geblendet worden sei. Der Blick habe sich eben verändert, alles, was man an den jüngsten Werken Prousts zu bewundern gelernt habe, das erkenne man jetzt auch dort wieder, wo man es zunächst nicht zu entdecken vermocht habe.

Man kann *Freuden und Tage* gewiss unter dem Aspekt der späteren Entwicklung Prousts beurteilen und wird dann feststellen, dass sich hier schon nahezu alle thematischen Elemente des zukünftigen Werks finden lassen, während der Stil noch sehr weit von der Schreibweise der *Recherche* entfernt ist. Ebenso bedeutsam aber muss die Frage erscheinen, welche Position Proust mit seiner Erstpublikation im literarhistorischen Kontext und in der literarisch-politischen Öffentlichkeit seiner Zeit bezieht.

Proust (vierte Reihe links) im Kreis seiner adligen Freunde:
Fürst und Fürstin Polignac (dritte Reihe links, zweite Reihe Mitte),
Fürst und Fürstin Brancovan (vierte Reihe rechts, zweite Reihe
links), Gräfin Anna de Noailles (zweite Reihe rechts) und Fürstin
Hélène de Caraman-Chimay (erste Reihe links). Foto von 1899

*Freuden und Tage* zählt zu einem Werktypus, wie er seit den
1850er Jahren immer häufiger auftritt. Das berühmteste Beispiel
ist ohne Zweifel «Le spleen de Paris» von Baudelaire, das – nie vollendet – im Jahr 1869 postum erschienen ist. Der Autor der «Fleurs
du mal» spricht auch von kleinen Prosagedichten und vertritt die
Ansicht, diese Gattungsform entspreche letztlich allein der Erfahrung der Modernität. Es ist der Flaneur, der in die Menge eintau-
chend gleichwohl einsam bleibt und dank seiner Imagination den
vielfachen zwischenmenschlichen Beziehungen eine poetische
Gestalt gibt. Ein solches Werk ist wie der Flaneur selbst ein Kaleidoskop; es spiegelt gebrochen die unterschiedlichen Facetten des

modernen Lebens, indem es die verschiedensten Ausdrucksformen benutzt: Anekdoten, Porträts, Maximen, Impressionen, Dialoge und Novellen. Es gibt eine Querverbindung zu journalistischen und feuilletonistischen Kleinformen sowie zu jener Gattung, die man «Tableaux de Paris» («Pariser Bilder») genannt hat.

Ohne Zweifel steht Proust in dieser Tradition, und neben Baudelaire dürfte ihm Huysmans als Vorbild gedient haben. Allerdings befindet sich nun nicht mehr die Großstadt im Zentrum, und der Flaneur hat sich in den einsamen Künstler verwandelt. Die genannten Textformen erscheinen indessen auch hier. Das Werk beginnt und endet mit einer Novelle, einer Form, die sich auch in der Mitte des Buchs findet. Es gibt Porträts (*Fragment de comédie italienne – Fragment einer italienischen Komödie*), und es gibt Impressionen (*Les regrets, rêveries couleur du temps – Klagen, Träumereien in den Farben der Zeit*). Man hat den Stil der Porträts als klassisch bezeichnet, was gewiss insofern zutreffend ist, als die Moralisten des 17. Jahrhunderts wie etwa Jean de la Bruyère für diese Textgattung modellbildend gewesen sind. Andererseits jedoch fügen sich zahlreiche Texte in die spätromantische und symbolistische Tradition ein, wenn etwa die Kontemplation der Natur zugleich eine Spiegelung des Seelenzustands darstellt (vgl. *La mer – Das Meer*; *Marine – Seegemälde* etc.). Im Vergleich zu Baudelaire fehlt bei Proust auch die Einbettung der Texte in eine konkrete historische und gesellschaftliche Situation. So spielt die erste Novelle in einem zeitlich nicht näher gekennzeichneten Italien, die zweite in einer gänzlich abstrakten Steiermark. Die Fragmente der italienischen Komödie führen Typen vor, die auch in der französischen Gesellschaft erscheinen.

Die soziale Wahrnehmung beschränkt sich auf die höheren Schichten, insbesondere die großbürgerlichen und adligen Salons. Doch der Blick ist kritisch: Immer wieder zielt er auf eine satirisch-ironische Demaskierung des Snobismus – auch des weiblichen im Übrigen. Und dieses Phänomen muss wörtlich verstanden werden: Es ist das Bemühen derjenigen, die «sine nobilitate» geboren wurden und durch Umgang mit der Noblesse den Anschein höherer Dignität zu erwerben versuchen. Doch gerade die Salons werden als eine Welt entlarvt, die für den Einzelnen Entfremdung und Inauthentizität bedeutet. Dass der Autor aber auch für kleinbürgerliche Schichten keinerlei Sympathie empfindet, verdeutlichen die auf Flaubert Bezug nehmenden Pastiches *Mondanité et mélomanie de Bouvard et Pécuchet* (*Weltläufigkeit und Musikbegeisterung von Bouvard und Pécuchet*). Beide Figuren repräsentieren hier wie schon beim Autor der «Madame Bovary» kleinbürgerliche Klischeevorstellungen, in denen sich die menschliche Dummheit schlechthin ausdrückt, nun konzentriert auf die Beurteilung der feinen Gesellschaft und der zeitgenössischen Kunst.

Die eigentliche Intention des Proust'schen Erstlingswerks zielt jedoch tiefer: Es ist die Darstellung eines abgründigen Pessimismus. Vor allem die drei Erzählungen, die den Rahmen und das Zentrum des Buchs ausmachen, dokumentieren diese Tendenz. Baldassare Silvande (im ersten Text) findet Ruhe, Ausgeglichenheit und sogar eine Art Glück nur in dem Maß, wie er dem Leben entsagt und den Tod, das Sterben selbst als die höchste Möglichkeit der Selbstverwirklichung ergreift. Bemerkenswert ist dabei auch, dass sein Weg aus der Perspektive seines jungen Neffen als exemplarisch gesehen wird. Honoré, der Protagonist der letzten Erzählung *Das Ende der Eifersucht* wird von seinem Leiden, der krankhaften Eifersucht, erst erlöst, als ihn ein Unfall daran hindert, seine Geliebte ständig zu verfolgen und zu überwachen. Liebe bedeutet schon in diesen frühen Texten Leiden, das sich in der Eifersucht manifestiert, das heißt im Versuch, sich der Zuneigung und der Treue der geliebten Person absolut zu vergewissern. Die Phantasie spielt hier eine tragische Rolle, insofern sie einerseits die Glückserwartung, andererseits aber auch die Angst vor dem Verlust ins Unermessliche steigert. Nicht mehr die Sublimierung der Leidenschaft, wie noch in der Romantik, löst die Konflikte von Eros und Sexus; Resignation, Abtötung des Willens zum Leben ist die einzige Möglichkeit der Erlösung. Allenfalls im erinnernden Erleben des Vergangenen ist noch ein gewisses melancholisches Glücksgefühl zu empfinden.

Die zentrale Erzählung *Bekenntnisse eines jungen Mädchens* macht all dies in besonders dramatischer Weise deutlich. In der Proust-Forschung herrscht Einvernehmen darüber, dass dieser Text weitgehend autobiographisch fundiert ist. Ist es jedoch nicht schon eigenartig, dass die einzige längere Novelle, die aus der Ich-Perspektive geschrieben ist, einen weiblichen Erzähler hat? Es ist die Geschichte eines jungen Mädchens, das seine sexuellen Konflikte nur durch einen Suizidversuch zu lösen vermag, der jedoch fehlschlägt. Die inoperabel in ihrem Herzen steckende Kugel wird früher oder später unvermeidlich ihren Tod herbeiführen. Worin aber besteht ihr Konflikt? Sie hat sich den *kriminellen* sexuellen Praktiken eines *lasterhaften* jungen Mannes hingegeben und fürchtet nun nichts mehr, als die Liebe und Zuneigung ihrer Mutter zu verlieren. Eine Zeit lang ist es ihr gelungen, ein neues Leben zu führen, doch dann fällt sie in ihre schuldhafte Leidenschaft zurück. Eines Tages wird sie in «krimineller Konversation» – so der damals offizielle Terminus – von ihrer Mutter überrascht, die daraufhin tot zusammenbricht. Es erscheint nahezu unvermeidlich, eine Fülle konkreter autobiographischer Anspielungen – wenn auch verhüllt und «verkehrt» – zu entdecken. Man kann diese Geschichte vielleicht als eine Art Hilferuf eines jungen Menschen an seine Umgebung, insbesondere an seine Mutter, zugleich aber auch als eine Drohung und schließlich sogar als eine imaginäre Selbstbestrafung verstehen. Letztlich ist der Konflikt unter den gegebenen familiären und gesellschaftlichen Bedingungen nicht aufzulösen, er muss tragisch mit dem Tod, dem psychischen und physischen Untergang der betroffenen Personen enden.

An dieser Stelle soll nicht nur auf Prousts persönlichen Konflikt, die Akzeptanz seiner Homosexualität, verwiesen werden, vielmehr scheint es, dass die Gesellschaft, in der er lebt, zumal eine ganz bestimmte bürgerliche Lebensweise und Moral, nicht in der Lage ist, das Problem der Sexualität zu lösen. Es sei daran erinnert, dass dies die Epoche ist, in der Sigmund Freud seine Psychoanalyse entwickelt, die letztlich auf der Hypothese der Verdrängung basiert. Es sei aber auch daran erinnert, dass die Kunst des Fin de Siècle und der Belle Époque Formen des Erotismus hervorbringt, die im Zeitalter der Romantik noch undenkbar gewesen wären. Von jener «Treibhausatmosphäre» spricht Anatole France im Vorwort zu *Freuden und Tage*; von einer Atmosphäre, die die Tatsache enthüllt, dass die Sublimierung der Triebe – auch in der Kunst – nicht mehr gelingen will wie in früheren Epochen. Angesichts der Unlösbarkeit eines solchen «Unbehagens in der Kultur» (Freud) kann es auch nicht verwundern, dass ganze Generationen in Philosophien der Resignation und der Abtötung von Gefühlen Zuflucht

Der Eiffelturm – ein Dokument technischen Fortschritts zur
Weltausstellung von 1889, die zugleich die hundertjährige Wiederkehr der Großen Revolution feierte. Fotos vom 10. Mai 1888,
14. November 1888 und 2. April 1889. Paris, Musée d'Orsay

suchen. Arthur Schopenhauer ist der Meisterdenker vieler französischer Literaten dieser Zeit; er liefert auch das ideologische
Grundgerüst für die geistige Tendenz, die in Prousts Frühwerk dominiert, selbst wenn er nicht direkt genannt wird. Prousts Pessimismus mag auf den ersten Blick wie die blasierte Attitüde eines
sich frühreif gerierenden Mittzwanzigers anmuten, der so tut, als
habe er sein Leben schon hinter sich, und es nicht als notwendig
empfindet, sich in den Existenzkampf zu stürzen, weil er von seinen Eltern alimentiert wird. Seine Haltung entspricht doch tiefer
liegenden Konflikten, denen auch viele seiner Zeitgenossen aus-
gesetzt sind. Man denke nur an den als Schopenhauer-Verehrer bekannten Guy de Maupassant. Der Glaube an den kontinuierlichen
zivilisatorischen Fortschritt, basierend auf der Entwicklung von
Wissenschaft und Technik, wie er sich noch in der naturalistischen

Konzeption eines Zola manifestiert, schlägt um in Endzeitpessimismus und Dekadenzphantasien des Fin de Siècle. Kein literarischer Text hat dies drastischer vor Augen geführt als die Novelle «L'endormeuse» von Maupassant. Im Jahr 1889 wird in Paris die hundertjährige Wiederkehr der Französischen Revolution gefeiert und zugleich die Weltausstellung der Technik und der Industrie veranstaltet – beide sind Symbole der wichtigsten Facetten des Fortschritts. Im selben Jahr publiziert Maupassant eine Geschichte, die angesichts der vorgeblich ständig wachsenden Zahl von Selbstmorden in Form eines Traums die Gründung einer Institution propagiert, in der man sich auf angenehmste Weise durch parfümiertes Gas vom Leben zum Tode befördern lassen kann.

Ganz so radikal gibt sich Proust jedoch nicht. Im Vorwort zu *Freuden und Tage* deutet er eine Lösung an, die für ihn später typisch sein wird, nämlich die Kunst selbst als eine Möglichkeit der Rechtfertigung und der Erlösung zu propagieren. Er bezieht sich auf die biblische Geschichte der Arche Noahs. Als Kind habe er selbst in der Situation der Krankheit, wenn er von den anderen isoliert gewesen sei, eine Erfahrung gemacht, die der der biblischen Figur gleiche: Niemals habe Noah die Welt deutlicher und besser sehen können als aus der Arche, obwohl sie geschlossen gewesen sei. Die Kunst sei also eine Art Arche, die Schutz und Geborgenheit vor der Welt bietet, zugleich aber eine klare Sicht auf die Realität ermöglicht.

**Guy de Maupassant (1850–93):**
«Mein Gott, verehrter Herr, wir töten sauber und sanft, ich wage nicht zu sagen, auf angenehme Weise, die Menschen, die sterben möchten.»
«Wie sind Sie dazu gekommen?»
«Verehrter Herr, die Zahl der Selbstmorde ist in den fünf Jahren seit der Weltausstellung von 1889 so sehr angewachsen, dass Maßnahmen dringend erforderlich wurden.
Man brachte sich um auf den Straßen, auf den Festen, in den Restaurants, im Theater, in der Eisenbahn, auf den Empfängen des Staatspräsidenten. Das war nicht nur ein hässliches Schauspiel für diejenigen, die wie ich das Leben lieben, sondern auch ein schlechtes Beispiel für die Kinder. Also musste man die Selbstmorde zentralisieren.»
«Woher rührte diese Zunahme?»
«Was weiß ich! Im Grunde, glaube ich, wird die Welt alt. Man beginnt, klar zu sehen, und man kann sich nicht damit abfinden. Mit dem Schicksal verhält es sich wie mit der Regierung, man weiß, was es ist. Man stellt fest, dass man betrogen ist und man geht.»
**L'endormeuse (1889)**

Ein ganz anderer Geist spricht aus André Gides Werk «Les nourritures terrestres» («Uns nährt die Erde», 1897), das bald zum Kultbuch der jungen Generation wird. Es sprengt alle traditionellen Gattungsgrenzen und verkündet mit prophetischem Gestus das Evangelium eines freien Lebens jenseits der erdrückenden Enge der bürgerlichen Gesellschaft und ihrer Institutionen («Familien, ich hasse euch»). Nicht mehr die Buchkultur soll nun das Ziel der Kunst sein, sondern eine Kultur des richtigen Lebens. Auch Proust wird sich immer wieder vor das Problem gestellt sehen, wie beides miteinander in Einklang zu bringen ist.

# Die Dreyfus-Affäre

Es gehört zur Tradition französischer Schriftsteller, gegenüber gesellschaftlichen und politischen Konflikten nicht indifferent zu bleiben. Eine solche Flucht aus der Realität, wie sie bei deutschen Autoren immer wieder üblich war, würde ihr Werk und ihre Person unglaubwürdig machen. Es kann daher nicht verwundern, wenn Proust, der bislang scheinbar so unpolitische Literat, im Frühjahr 1898 in der Dreyfus-Affäre entschieden Partei ergreift. Er sammelt Unterschriften für das «Manifest der Intellektuellen», das die Wiederaufnahme des Prozesses fordert, er wohnt der Verhandlung gegen Émile Zola bei, der nach der Publikation seines Artikels «J'accuse» wegen Verleumdung der Armee angeklagt ist. Proust bezeichnet sich selbst später als *premier dreyfusard*. Die Dreyfus-Affäre stellt ein Ereignis dar, das wie kein anderes seit dem Krieg von 1870/71 die französische Öffentlichkeit erschüttert und spaltet. Und diese Spaltung geht bis in die Familien hinein, auch in die Familie Proust. Während der Vater das Gerichtsurteil bejaht, glauben seine beiden Söhne an die Unschuld des Angeklagten.

Auf dem Spiel steht bei diesem Prozess nicht weniger als das Schicksal der Republik selbst, deren Existenz erst seit den 1880er Jahren als einigermaßen gesichert gelten kann. Doch die Bedeutung der Affäre beschränkt sich nicht auf den historischen Augenblick: Es geht um die Frage der Gültigkeit von Menschen- und Bürgerrechten.

Begonnen hat die Affäre im Herbst 1894. Der Hauptmann Alfred Dreyfus wird verhaftet, der Spionage für Deutschland angeklagt, vom zuständigen Militärtribunal zu lebenslanger Haft verurteilt und gleichzeitig aus der Armee ausgestoßen. Seine öffentliche Degradierung erfolgt im Januar 1895 im Hof der École militaire. Kurz danach wird er auf der Teufelsinsel interniert, von der, wie es heißt, kein Gefangener zurückkehrt. Eine breite Öffentlichkeit geht wie selbstverständlich von der Rechtmäßigkeit des Urteils aus, kaum jemand möchte angesichts der sich ankündigenden internationalen Konflikte das Prestige der Armee in Zweifel ziehen. Bemerkt man nicht, dass von vornherein eine bestimmte Presse, allen voran «Le Figaro» und insbesondere «La libre Parole», den Angeklagten schon verurteilt hat, bevor ein Richterspruch ergangen ist? Zumal Édouard Drumont, Herausgeber von «La libre Parole», nimmt den Fall zum Anlass für seine antisemitische Agitation. Er hat 1882 ein Buch mit dem Titel «La France juive» publiziert, in dem er die angebliche Inbesitznahme der wichtigsten gesellschaftlichen Positionen in Frankreich durch Juden zu enthüllen vorgibt. Und nun auch noch die Armee! Dreyfus, der stets seine Unschuld beteuert, ist alles andere als ein zionistischer Agitator. Er versteht sich als französischer Patriot, nach der Annexion Elsass-Lothringens hat er seine Heimatstadt Mülhausen / Mulhouse verlassen, wo seine Familie eine Textilfabrik besitzt, um in Südfrankreich zu leben. Seine soziale Herkunft ist mit der der Familie Weil zu vergleichen; auch er gehört zu jenem jüdischen Bürgertum, das sich die aufklärerische Tradition, die französische Zivilisation und Kultur generell zu Eigen gemacht und in der Republik eine Heimat gefunden hat.

Wird Dreyfus so prompt verurteilt, weil er Jude ist? Niemand ergreift für ihn Partei, nur sein Bruder Matthieu und später auch der Anwalt Bernard Lazare tragen unermüdlich Material zusammen, um eine Wiederaufnahme des Prozesses zu erwirken. Nach und nach wird offensichtlich: Dreyfus ist Opfer eines Fehlurteils. Die Indizien gegen ihn, zum Beispiel ein kleines Schreiben, dessen Autorschaft durch oberflächlichen Handschriftenvergleich Dreyfus zugeschrieben wurde, sind mehr als fragwürdig; zudem hat das Gericht gegen Verfahrensvorschriften verstoßen, der Verteidigung Dokumente vorenthalten. Selbst ein Offizier, der Oberst Picquart, der neue Chef der Spionageabwehr, erkennt: Nicht Dreyfus ist der Schuldige, sondern ein gewisser Hauptmann Marie Charles Esterházy. Im Herbst 1897 sind führende Politiker wie der Vizepräsident des Senats, Auguste Scheurer-Kestner, und der Abgeordnete Joseph Reinach, schließlich auch Georges Clemenceau und Jean Jaurès überzeugt, dass Dreyfus unschuldig ist. Auch in den Salons, die Proust frequentiert, bei Madame Straus und Madame Arman de Caillavet, ist man «dreyfusard». Die Wiederaufnahme des Prozesses scheint nun unvermeidlich. Doch dann wird Esterházy frei-

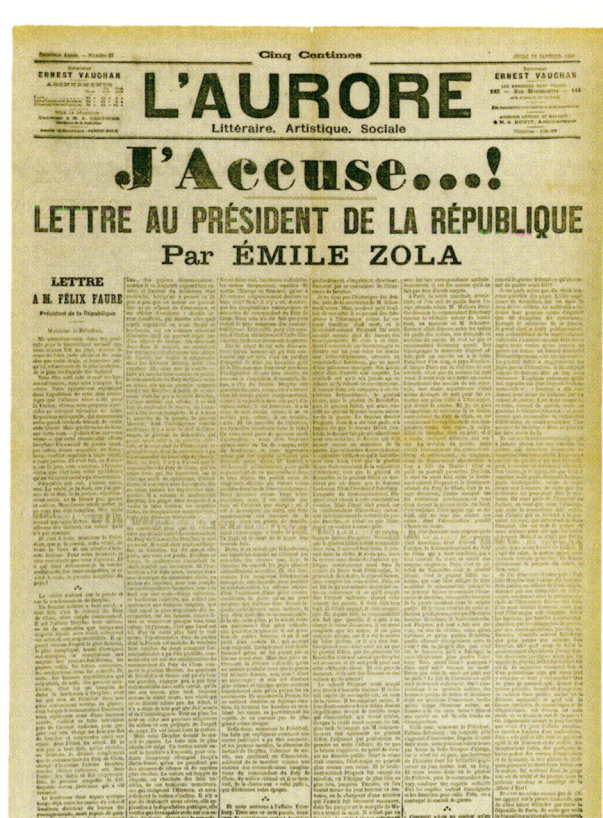

«J'accuse…!» Titelblatt von «L'Aurore» vom 13. Januar 1898. Zola fordert in einem offenen Brief an den Präsidenten der Republik, Félix Faure, die Wiederaufnahme des Dreyfus-Prozesses.

gesprochen, während man Oberst Picquart zu sechzig Tagen Festungshaft verurteilt.

Das ist der Anlass für Zolas anklagendes Pamphlet in der Tageszeitung «L'Aurore». Gegen den Autor ergehen im Lauf des Jahres 1898 vier Urteile mit Gefängnis- und Geldstrafe wegen Verunglimpfung der Armee. Doch nun beginnt erst die eigentliche Dreyfus-Affäre. Mit Zola solidarisieren sich zahlreiche «Intellektuelle», wie man Literaten, Künstler, Journalisten und Professoren nun nennt. Neben Proust und seinen alten Freunden vom Lycée

Condorcet sind es unter anderen Anatole France, André Gide, Charles Péguy, Tristan Bernard, Octave Mirbeau, Jules Renard, der Maler Claude Monet und der Philosoph Lucien Herr. Es geht nicht mehr allein um das Schicksal von Alfred Dreyfus, sondern um das grundsätzliche Verständnis von Rechtsstaat und Humanität. Schon im Februar 1898 wird aus diesem Anlass «La ligue des droits de l'homme», die «Liga für Menschen- und Bürgerrechte», gegründet.

Frankreich spaltet sich in zwei Lager, die sich unversöhnlich gegenüberstehen. Bald spricht man von «les deux France». Die andere Seite, die «antidreyfusards», schließt sich im Herbst 1898 zur «Ligue de la patrie française» zusammen. Als ihre Wortführer fungieren Édouard Drumont, Charles Maurras, der Gründer der «Action française», sowie Maurice Barrès. Maurras vertritt neben einem entschiedenen Antisemitismus einen antiparlamentarischen Monarchismus. Noch für die Kollaboration im Zweiten Weltkrieg wird er das terminologische Instrumentarium liefern.

Weniger grobschlächtig ist das Denken von Maurice Barrès. Er genießt als Romancier und Persönlichkeit selbst bei den «dreyfusards» ein hohes Ansehen. Für den jungen Proust ist er ein schriftstellerisches Vorbild. Doch die Versuche, ihn als Unterzeichner des Manifests zu gewinnen, müssen fehlschlagen. Sein «organischer Nationalismus» bestreitet jedem, der nicht der Nation im Sinn von Rasse angehört, die Fähigkeit und das Recht, für Frankreich zu sprechen. «Dass Dreyfus zum Verrat fähig ist, schließe ich aus seiner Rasse.» Und im Hinblick auf Zola heißt es: «Dieser Mann ist kein Franzose. [...] Weil sein Vater und die Reihe seiner Vorfahren Venezianer sind, denkt Émile Zola ganz natürlich als entwurzelter Venezianer.»[15]

Als Abgeordneter von Nancy zielt Barrès darauf ab, eine Pogromstimmung gegen die jüdischen Mitbürger zu erzeugen, vor allem gegen die «israelitische» Hochfinanz, die für die Verarmung der unteren Schichten verantwortlich gemacht wird. Wenn diese Propaganda auf fruchtbaren Boden fällt, so erklärt sich dies auch aus der Tatsache, dass seit einigen Jahren eine neue jüdische Immigration stattfindet. Juden aus Ostmitteleuropa fliehen vor der Verfolgung im Zarenreich nach Frankreich, wo sie als vollgültige Staatsbürger anerkannt werden und ein relativ geordnetes Leben

«Le Triomphe de Dreyfus». Postkarte mit Karikatur. Alle antisemitischen Klischees sind hier vereint: Mit Hauptmann Dreyfus triumphiert das jüdische Kapital, unterstützt von Intellektuellen, Politikern der Republik und dem deutschen Erbfeind.

führen können. Sie machen aber den französischen Handwerkern und Kleinhändlern erhebliche Konkurrenz und werden daher zum Spielball antisemitischer Agitation.[16]

In der Dreyfus-Affäre sind jedoch letztlich Republikaner und Demokraten die Sieger. Gewiss tut sich die Militärgerichtsbarkeit schwer, die eigenen Irrtümer einzugestehen, und doch zeigt sich, dass allein die Republik den institutionellen Rahmen für Rechtsstaatlichkeit abgeben kann. Dreyfus wird schließlich exkulpiert – wie auch Zola – und 1905 mit allen Ehren wieder in die Armee aufgenommen. Die Republik geht gestärkt aus diesen Auseinandersetzungen hervor. Bis zur deutschen Besetzung im Zweiten Weltkrieg bleibt ihre Legitimation unangefochten. Dies bedeutet auch, dass die antisemitischen Kräfte zwar nicht verschwinden, aber keine Chance haben, die Politik zu bestimmen. Bald ist die Republik auch so weit gefestigt, dass sie die Auseinandersetzung mit einer jener Mächte aufnehmen kann, die sich in der Geschichte Frankreichs immer gegen sie gestellt hat: die römisch-katholische Kirche. Auch wenn sie sich in der Dreyfus-Affäre nie offiziell die antisemitische Propaganda zu Eigen gemacht hat, unterstützen doch zahlreiche Kleriker die Partei der «antidreyfusards». Im Jahr 1906 wird das Gesetz über die Trennung von Staat und Kirche verabschiedet: Frankreich ist endgültig eine laizistische Republik.

Inwieweit Proust all diese Zusammenhänge bedenkt, als er sich für Dreyfus und Zola engagiert, ist eine Frage, die sich nur schwer beantworten lässt. Der Soziologe Pierre Bourdieu hat die Spaltung der literarischen Öffentlichkeit in «dreyfusards» und «antidreyfusards» mit seiner Theorie der zwei Pole zu deuten versucht. Gegen Dreyfus habe der dominante Pol Partei ergriffen, das heißt die etablierten und anerkannten Schriftsteller, für Dreyfus der dominierte Pol, das heißt jene Autoren, die sich erst noch durchsetzen mussten.[17] Im Hinblick auf Proust mag diese Deutung eine gewisse Plausibilität haben, Zola und France, beides erfolgreiche Romanciers, widerlegen sie jedoch. Eines aber wird in der Dreyfus-Affäre noch einmal bestätigt, nämlich die aufklärerisch-revolutionäre Tradition, die es den Autoren nicht erlaubt, sich aus dem Streit der Welt herauszuhalten und sich in den Elfenbeinturm der reinen Kunst zurückzuziehen. Dies muss freilich nicht Parteilichkeit im engen Sinne bedeuten, und insofern wird Proust sich nie als engagierter Autor verstehen.

Welches Motiv aber hat ihn zu einer so dezidierten Stellungnahme bewogen? War es das Gefühl für Gerechtigkeit und Anstand, war es, wie manche Interpreten meinen, die Identifikation mit seiner jüdischen Mutter? Oder sah er sich selbst als Halbjude durch den wieder aufkommenden Antisemitismus in seiner sozialen Anerkennung bedroht? All diese Fragen können nur spekulativ beantwortet werden. Es gibt keinerlei Nachweis dafür, dass Proust zur Zeit der Dreyfus-Affäre ein «jüdisches Bewusstsein» gehabt hat. Es müssen schon komplexe psychische Prozesse unterstellt werden, um einen Bezug zwischen persönlicher und sozialer Identitätsproblematik herzustellen oder von der Angst um den Verlust der Mutterliebe auf die Angst um den Verlust gesellschaftlicher Anerkennung zu schließen.[18]

# Ein Romanfragment: «Jean Santeuil»

In der Proust-Forschung wird häufig die Meinung vertreten, das Engagement des Autors in der Dreyfus-Affäre sei auch eine Flucht vor der Realisierung literarischer Projekte gewesen. Doch Proust arbeitet schon längst an einem großen Romanwerk. Bereits im Sommer 1896 tritt er in Verhandlungen mit dem Verlag Calmann-Lévy ein und kündigt die Fertigstellung des Manuskripts für Februar 1897 an. Am 5. Dezember 1899 heißt es in einem Brief, er habe sein *Werk sehr langen Atems* (*ouvrage de très longue haleine*) nunmehr aufgegeben. Insgesamt zieht sich die Arbeit an diesem Roman wohl von September 1895 bis 1900 oder sogar 1901 hin. Dabei entsteht ein Ensemble von Fragmenten, das erst 1952 aus dem Nachlass publiziert wird. Im Vorwort zu dem Werk, das nun *Jean Santeuil* betitelt ist, entschuldigt sich André Maurois noch dafür, dass man gegen den offenkundigen Willen des Autors handle, der wohl nie mehr an eine Publikation gedacht habe. Bernard de Fallois, der Herausgeber, organisiert den Text in solcher Weise, dass schließlich doch ein einigermaßen zusammenhängender und lesbarer Roman entsteht. Demgegenüber ist Pierre Clarac in seiner Ausgabe von 1971 darum bemüht, die Fragmente gemäß der Chronologie ihrer Entstehung zu ordnen, soweit diese überhaupt nachvollziehbar ist.

Maurice Bardèche hat *Jean Santeuil* als eine erste Version der *Recherche* bezeichnet. Wie selbstverständlich dominiert in der Proust-Forschung die Tendenz, das Fragment aus der Perspektive des späteren Hauptwerks zu interpretieren und zu beurteilen. Sicherlich wäre *Jean Santeuil* heute nahezu bedeutungslos, gäbe es nicht die *Recherche*. Gleichwohl scheint es durchaus von Interesse, die Besonderheit dieses Werks zur Kenntnis zu nehmen, einerseits als wichtigen Meilenstein in der künstlerischen Biographie des Autors, andererseits aber auch als einen – wenn auch gescheiterten – Beitrag zur Entwicklung des Romans im ausgehenden 19. Jahrhundert.

*Jean Santeuil* wird häufig als Bildungsroman mit autobiographischem Charakter verstanden. Entwicklungsroman im Sinn der deutschen Klassik meint den Reifungsprozess eines jungen Mannes, der seine subjektiven Sehnsüchte, Träume und Ideale unter Konflikten mit den objektiven Bedingungen seines gesellschaftlichen Kontextes in Einklang zu bringen versucht, sodass schließlich seine Selbstverwirklichung zugleich aktive und bewusste Gestaltung seiner mitmenschlichen Beziehungen einschließt. Die französische Variante des Bildungsromans im 19. Jahrhundert ist freilich eher ein Desillusionsroman. An den großen Werken der Epoche, etwa Stendhals «Le rouge et le noir» («Rot und Schwarz», 1830), Honoré de Balzacs «Illusions perdues» («Verlorene Illusionen», 1842/43) und Gustave Flauberts «L'éducation sentimentale» («Erziehung des Gefühls», 1869) lässt sich die Erfahrung ablesen, dass Ideale und Träume der Jugend an der Realität zerbrechen, das Ergebnis nur der Konflikt auf Leben und Tod oder aber die dumpfe Anpassung sein kann. Immer wieder zitiert der Autor von *Jean Santeuil* diese drei Klassiker des französischen Romans, ganz offensichtlich aber mit dem Willen, durchaus eigene Wege zu gehen.

Dem Entwicklungsroman liegt immer ein biographisches Schema zugrunde; die erzählte Geschichte kann von der frühen Kindheit bis zum reifen Mannesalter oder gar bis zum Greisenalter reichen. Schon hier treten im Hinblick auf *Jean Santeuil* die ersten Komplikationen auf. Das Romanfragment zeigt zwar die Entstehung eines Charakters im Kontext der Familie, registriert auch die Stationen eines jungen Lebens (Freundschaft, Schule, Liebesbeziehungen, berufliche Perspektiven), beschreibt die Entwicklung des jungen Mannes über mehrere Jahrzehnte, endet aber weder in einer aktiven Gestaltung des eigenen Lebens noch in desillusionierter Resignation. Proust verfolgt, so scheint es, einen Prozess, der sein Ende noch nicht erreicht hat. Dies sollte nicht verwundern, denkt man an die autobiographische Dimension des Werks, denn sie schließt wohl auch ein, dass der Autor als Mitt- oder Endzwanziger seinen eigenen Weg, seine Bestimmung noch nicht gefunden hat. (Ein ähnliches Problem stellte sich Flaubert, als er 1845/46 die erste Fassung der «Éducation sentimentale» abbrach und erst mehr als zwei Jahrzehnte später vollendete.)

«Le Pré Catelan»: Der Garten des Onkels Jules Amiot in Illiers wird in Prousts Romanen ein idyllischer Ort.

*Jean Santeuil* ist – obwohl in der dritten Person erzählt – weitgehend autobiographisch fundiert. Ereignisse und Stationen aus dem Leben des Autors sind übernommen worden, vor allem aber auch charakterliche Merkmale. Die Hypersensibilität des kleinen Jungen; seine Angst, die in Aggression umschlägt; seine absolute Bindung an die Mutter, ohne deren Gutenachtkuss er nicht einzuschlafen vermag; der Konflikt des jungen Mannes mit den Eltern, die ihm mangelnde Willenskraft vorwerfen; ihr Wunsch, insbesondere der des Vaters, er möge in den diplomatischen Dienst oder die höhere Verwaltung eintreten; seine poetische Empfindsamkeit, die jedoch ziellos bleibt: All dies sind Elemente aus dem Leben des Marcel Proust.

Freilich gilt es auch die Unterschiede zu registrieren. Der Autor siedelt seinen ‹Helden› in einem Milieu an, das schon nicht mehr ganz das bürgerliche Ambiente des Doktor Proust ist. Monsieur Santeuil ist Spitzenpolitiker, zunächst Abgeordneter in der Nationalversammlung, schließlich Mitglied des Staatsrats. Er hat direkte Beziehungen zu den höchsten Repräsentanten der Republik. Doch in dieser Hinsicht kann sein Sohn in gewisser Weise mit ihm konkurrieren: Sein langjähriger Freund Henri de Réveillon ist Abkömmling des uralten Hochadels, der im Faubourg Saint-Germain zu residieren pflegt. Das Stadtpalais der Réveillons besitzt einen Saal, in dem einst König Ludwig der Heilige sich von seinen Feudalherren verabschiedete, bevor er sich auf den Kreuzzug begab. So erfährt Jean Santeuil eine Art «promotion sociale» (Bardèche), einen sozialen Aufstieg, der ihn nicht zuletzt gegenüber seinen Eltern rechtfertigt. In diesen hochadligen Kreisen, in denen man immer noch antirepublikanisch denkt und nach wie vor den napoleonischen Verdienstadel sowie den orleanistischen Finanzadel als nicht ebenbürtig ansieht, ist Jean Santeuil – man weiß nicht warum – ein gern gesehener Gast. Die Mutter Henri de Réveillons mag ihn, schließlich mögen ihn immer mehr Damen dieser Gesellschaft, und über weite Strecken des Romans hat man den Eindruck, dass Jean Santeuil in diesem Milieu sehr viel mehr Zeit verbringt als in der Welt seiner Eltern, zumal wenn er Monate auf dem Landsitz der Réveillons weilt. In der Gestalt des Bertrand de Réveillon, der freilich nur in einer Passage des Fragments erscheint, glaubt er gar das Inbild eines «höheren Wesens» zu entdecken. Allerdings fehlt es auch nicht an satirischen Elementen, wenn es um die Beschreibung dieser ‹Welt› geht. Diese Aristokratie ist keineswegs eine Auslese der Besten, von ihr ist künftige Erneuerung des Landes nicht mehr zu erwarten. Und diejenigen, die sich – obzwar niederer Herkunft – ihrem Lebensstil anzupassen bemühen, werden ohne Gnade als Snobs verspottet.

Gleichwohl entfernt diese Lebensweise Jean Santeuil zusehends von seinen Eltern. Ihren Berufswünschen zu entsprechen scheint ihm kaum erwägenswert. Seine künstlerische Sensibilität ist mit ihren bürgerlichen Werten nicht vereinbar. Als sein Vater ihn dem erfolgreichen Karrieristen Duroc vorstellt und diesen von den literarischen Plänen seines Sohns in Kenntnis setzt, wird offenbar, dass hier zwei Welt- und Lebensentwürfe aufeinander stoßen, deren Zielrichtungen unvereinbar sind. Allerdings bewegt sich Jean Santeuils künstlerische Neigung noch gleichsam ziellos in einem leeren Raum. Seine ästhetische Reflexion bleibt rudimentär, eine Konzeption von Literatur vermag er noch nicht zu entwickeln. Und ein Autor wie der erfolgreiche Traves – eine Erfindung Prousts – mit seiner materialistischen Weltsicht und seiner Vorliebe für das 18. Jahrhundert kann Santeuil nicht als Vorbild dienen, weil er sich eher am Spiritualismus und den Autoren des 19. Jahrhunderts orientiert.

Bei der Lektüre der Fragmente kann man zuweilen den Eindruck gewinnen, *Jean Santeuil* trage auch den Keim eines politischen Romans in sich. Wenngleich die großen französischen Romanciers des 19. Jahrhunderts politisch bewusste Zeitgenossen waren, denen es darauf ankam, gesellschaftliche Zusammenhänge und Prozesse in ihrer Totalität sichtbar zu machen – dies impliziert letztlich der Begriff «Realismus» –, so ist doch der politische Roman im engeren Sinn ein eher marginales Phänomen. Stendhal etwa scheiterte in seinem Entwicklungsroman «Lucien Leuwen» an dem Versuch, die private mit der politischen Sphäre zu verknüpfen: Der Roman blieb Fragment. Flaubert gelang dies in der «Éducation sentimentale» nur so weit, als in der Zeit der Revolution von 1848 die Politik gleichsam auf der Straße stattfand. Wenn Proust nun einen ähnlichen Versuch wie seine großen Vorbilder unternimmt, so schließt dies auch das Bemühen um die Aktualisierung der realistischen Schreibweise am Ende des 19. Jahrhunderts ein. Es ist der Versuch, das postnaturalistische Dilemma aufzulösen und jenseits der Alternative von vermeintlich wissenschaftlicher Schreibweise eines Zola und dem impressionistischen Stil des reinen Subjektivismus einen dritten Weg zu finden.

Drei Episoden des Fragments machen die politische Verankerung des Romans sichtbar. Da ist zunächst die Parlamentsrede des sozialistischen Parteichefs Couzon, in der er die Massaker an Armeniern in dem auseinander brechenden Osmanischen Reich anprangert. Couzon, hinter dem sich unzweifelhaft die Person Jean Jaurès' verbirgt, ist das Inbild eines Politikers, der sich humanitären Prinzipien verpflichtet weiß, im Unterschied zu den meisten Abgeordneten als nicht korrumpierbar gilt und gerade bei den unteren Schichten großes Ansehen und Vertrauen genießt. Ungeachtet der Erfolglosigkeit seiner Rede ist es doch bemerkenswert, dass der Autor – nicht gerade linker Ideen verdächtig – ausgerechnet ihn zum Idol des jungen Jean Santeuil macht. Hier deuten sich Perspektiven an, die Proust allerdings nicht weiter verfolgt hat.

Jean Jaurès, Chef der Sozialistischen Partei und überzeugter Pazifist, Vorbild für den Politiker Couzon in «Jean Santeuil». Foto von Paul Nadar, 1900

Die zweite Episode ist der Skandal, der sich um den Politiker Marie entwickelt. Ihm wirft man Finanzmanipulation und Betrug vor. Wahrscheinlich verbirgt sich dahinter der Panamaskandal, der zu Beginn der 1890er Jahre Frankreich erschüttert und geradezu als exemplarisch gilt für die Korrumpierbarkeit der politischen Klasse. Marie – in dieser Hinsicht gibt es keinen Zweifel – verteidigt als konservativer Politiker die Interessen und Privilegien der herrschenden Klasse. Da er mit Jean Santeuils Vater befreundet ist, gerät auch der in Schwierigkeiten. Da ergreift sein Sohn die Initiative, sucht Couzon auf und bittet ihn, sich für seinen Vater zu verwenden. Doch dieser beruft sich auf seine Prinzipien sowie auf seine Loyalität gegenüber seinen Gesinnungsgenossen und seiner Partei. Jean Santeuil ist enttäuscht und kehrt sich von seinem Idol ab. Marie muss schließlich zurücktreten, entgeht aber einem Prozess – und all dies bietet dem Autor Gelegenheit, den fatalen Einfluss der Presse anzuprangern.

Schließlich spielt auch die Dreyfus-Affäre, insbesondere der Zola-Prozess, die erwartet bedeutsame Rolle. Dem negativen Porträt des Generals Boisdeffre steht das sympathische Bild des Obersten Picquart gegenüber. Er wird zum wahrhaften Helden stilisiert, einem Inbild von Mut und Gerechtigkeit. Mit ihm identifiziert sich Santeuil und durch ihn der Autor in sehr viel größerem Maße als mit dem Opfer Dreyfus. Bemerkenswert ist im Übrigen, dass er diesem gegen die Realität die Physiognomie eines Juden zuschreibt.[19]

Mit dem Ende der Dreyfus-Episode wendet sich der Autor vom politischen Roman, den er durchaus mit dem Entwicklungsroman hätte verknüpfen können, wieder ab. Warum? In ihrem Bemühen, alle Proust'schen Denkansätze auf den deutschen Idealismus – von Kant über Hegel und Schelling bis zu Schopenhauer – zurückzuführen, verweist Anne Henry in diesem Zusammenhang insbesondere auf den Einfluss des Autors von «Die Welt als Wille und Vorstellung». Für Schopenhauer ist die Menschheitsgeschichte nur ein sinn- und zielloses Gemetzel. Immerhin billigt er der Geschichtsschreibung die Bedeutung für ein Volk zu, die im Leben eines Individuums die Erinnerung spielt. Dass Proust darin Schopenhauer jedoch nicht folgt, zeigt der Abschluss des Dreyfus-Fragments. Dort ist nämlich die Rede von der Wissenschaft, die Wahrheit objektiv begründen und somit auch der Politik Prinzipien und Zielvorstellungen vorgeben könne. Freilich ist der Begriff Wissenschaft hier zweideutig: Bezeichnet er die Erkenntnis von Wahrheit nach dem Muster der Naturwissenschaften, wie die Positivisten der Zeit meinen, nicht zuletzt auch ein Émile Zola, der seine Publikationen zur Dreyfus-Affäre unter dem Titel «La vérité en marche» («Die Wahrheit auf dem Vormarsch») zusammenfasst, oder bezeichnet der Begriff Wissenschaft Erkenntnis der Wahrheit im Sinne Kants und Hegels, das heißt Wissenschaft, gegründet auf Prinzipien der Vernunft, die apriorisch aller Erfahrung vorausgehen? Prousts Text ist eben nicht eindeutig, er lässt beide Lesarten zu. Bedeutsam erscheint gleichwohl, dass er zumindest vorübergehend von dem Gedanken fasziniert ist, politische Prinzipien objektiv auf Wissenschaft zu gründen.

*Jean Santeuil* ist auch ein Liebesroman, und hier wird vieles vorweggenommen, was später in der *Recherche* wieder auftaucht und erweitert wird. Während die erste Beziehung Jean Santeuils zu Marie Kossichef noch von seinen Eltern unterbunden wird, weil deren Familie mit ihrer freizügigen Moral nicht den bürgerlichen Vorstellungen der Santeuils entspricht, entwickeln sich die späteren Liebesverhältnisse mit einer gewissen Eigendynamik. Im Übrigen sind sie, gemessen an dem relativ kürzeren Zeitraum, zahlreicher als in der *Recherche*. Allerdings wiederholen sie nur eine nun ein für alle Mal gewonnene Erkenntnis. Diese lässt sich zunächst auf die Erfahrung reduzieren, dass alle Liebesleidenschaft subjektiver Natur ist. Mag der Erzähler auch Stendhals Theorie der Kristallisation, ohne den Begriff selbst zu erwähnen, zurückweisen und ihm materialistisches Denken unterstellen, auch nach Proust ist Liebe reine Projektion subjektiver Bilder auf eine andere Person. Die entscheidenden Prozesse spielen sich immer in der Sensibilität und in der Wahrnehmung des Liebenden ab. *Die Liebe erscheint uns mehr wie eine subjektive Erfindung; daher ist sie eher ein Vergnügen [plaisir], dessen Bedingungen wir kennen, als die Suche nach einem Objekt, dem wir uns völlig unterordnen müssten.*[20]

Doch Liebesleidenschaft bedeutet zugleich immer auch die Entdeckung des anderen als unverfügbare Subjektivität, und dies ist der Ursprung der Eifersucht. *Aber die Liebe, die so viel Leidenschaft in die Person, die wir lieben, hineinlegt, und die, wenn wir sehen, dass sie uns nicht ganz, vielleicht anderen ganz gehört, durch die Eifersucht, die gleichsam ihre Kehrseite ist, in uns eine leidenschaftliche Neugier aufkommen lässt, alles zu wissen, was die Person, die wir lieben, tut, machte für ihn aus diesem Stück geheimen Lebens, aus dieser unauffindbaren Seite der Realität [...] etwas von ungeheurem Interesse, und etwas, das trotz dessen, was es an Schmerzlichem in sich barg, seiner Intelligenz so etwas wie eine gewisse Befriedigung verschaffte.*[21]

Zwei typische Szenen, die in die spätere *Recherche* eingehen werden (*Eine Liebe von Swann*), seien hier noch erwähnt. Da Jean Santeuil nicht von dem Verlangen ablassen kann, alles über das Tun seiner Geliebten zu wissen, spioniert er eines Abends vor dem Fenster ihrer Wohnung, glaubt, da Licht brennt, zu erkennen, dass sie einen Besucher empfangen und ihn somit belogen hat. Doch am Ende stellt sich heraus, dass er sich in der Hausnummer geirrt hat. Santeuil versucht, seiner Geliebten mit geradezu sadistischer Gesprächstaktik das Geständnis zu entreißen, dass sie einen anderen, womöglich sogar eine Frau liebt. Spionage und Erpressung sind die Instrumente, mit denen Vermutungen über die geliebte Person in Erkenntnis verwandelt werden sollen. Doch dieses Unbekannte, das die Leidenschaft immer neu anfacht, bleibt grundsätzlich unerkennbar und unzugänglich. Die Liebe ist ein psychisches Leiden, dessen Linderung nur ihr Absterben sein kann.

Als glücklich erweist sich letztlich allein Jean Santeuils Beziehung zu seiner Mutter. Am Ende schließt sich der Kreis, das Romangeschehen nimmt zyklische Form an: Santeuil, der gleichsam

Jeanne Proust und ihre Söhne. Foto von Paul Nadar, 1891.
Das besonders innige Verhältnis zwischen Marcel und seiner
Mutter geht auch in die Romanfiktion von «Jean Santeuil» ein.

in Trennung von seinen Eltern lebte, kehrt in den Schoß der Familie zurück. Beide Editionen des Textes sind darum bemüht, diese zyklische Konzeption dadurch zu betonen, dass sie die einschlägigen Fragmente ans Ende setzen. Jean Santeuils Verhältnis zu seiner Mutter ist als Idylle gestaltet, in die – und das ist kaum zu übersehen – eine erotische Komponente eingeht. Als der Sohn eines Abends spät nach Hause kommt, wirft er einen Blick ins Schlafzimmer seiner Mutter: *Jean öffnete einen Spalt weit die Tür zum Schlafzimmer seiner Mutter und entdeckte ihr schönes, ernstes Profil, das aufgelöste Haar, die geschlossenen Augen, die atmenden Nasenflügel, den entspannten Mund, der geschlossen war wie der Mund eines Kindes [...]. Er zog seine Stiefeletten aus, um sie nicht zu wecken, ging vorsichtig bis zum Bett, drückte einen Kuss auf das feine Leinen, das sie bis zum Kinn bedeckte [...], und als er sah, dass sie nicht aufwachte, auch noch auf ihr Haar.*[22] Wohl nicht zufällig nimmt diese Szene das spätere Tableau der schlafenden Albertine vorweg.

Jean Santeuil wiederum fühlt die Nähe seiner Mutter, wenn er schläft, sie sitzt ganze Vormittage an seinem Bett, denn er liebt es, spät aufzustehen. Zwischen ihnen entsteht vollkommene Harmonie, sie haben keine Geheimnisse voreinander, keine Vorbehalte gegeneinander (*elle était toute à lui*). *In jeder Minute musste sie aufstehen und an sein Bett treten, um ihm einen Kuss zu geben.*[23] Die Mutter ist ihm zugleich Freundin, Schwester und Geliebte.

Dergleichen Szenen erinnern an Robert Musils «Der Mann ohne Eigenschaften», an jene Geschwisterliebe zwischen Ulrich und Agathe, die wie eine Art Utopie geglückten Lebens gestaltet wird. Proust enthält sich jedoch jeder mystisch-religiösen Deutung, und das Erotische ist auf ein Minimum reduziert. Zudem sind es nur kurze Phasen, in denen dieses Glück aufscheint. Immerhin werden sie gedeutet als eine Befreiung aus dem Gefängnis der Kindheit (*enfance prisonnière*), als die Familie wie eine Stätte der Sklaverei erschien, zu geschwisterlicher Zärtlichkeit. Freilich gibt es eine Voraussetzung: die Abwesenheit des Vaters. Nur unter dieser Bedingung kann die Mutter ganz für den Sohn da sein. Jean setzt sich an die Stelle seines Vaters (*en maître de maison*), und wenn seine Mutter an ihm typische Verhaltensweisen ihres Gatten erkennt, so ist Jean Santeuil glücklich, auf diese Weise mit seinem Vater verbunden zu sein.

Ist all dies die Proust'sche Variante für die Lösung des Ödipuskonflikts? Die letzten Fragmente, die das Altern der Eltern thematisieren, lassen sich teilweise auch unter der Fragestellung lesen: Wie kann man den Vater ‹verschwinden› lassen, ohne ihm Gewalt anzutun? Wie kann man die Existenz des Vaters negieren, ohne die Mutter zu betrüben? Indem man ihn als Schlafenden darstellt, der zwar noch nicht tot ist und gleichwohl schon in ein ewiges Leben eingegangen zu sein scheint. *In diesem Augenblick, da jenes Leben, das eines Tages Monsieur Santeuil verlassen sollte, ihn noch im Besitz hatte, ohne dass er sich dessen bewusst war, schien es noch größer als wenn er wach war, denn dieses abgeschlossene Leben schien mehr zu sein als der Ausfluss seines Denkens und Wollens. […] Das Werk des Lebens und des Todes, das Werk der Zeit hielt nicht inne.* [24]

Währenddessen gleicht sich die Mutter immer mehr dem Sohn an. Es geht hier freilich nicht allein um die ödipale Konstellation; der Autor zielt vielmehr auch auf einen Wandel der Gesellschaft – er spricht von Gesetzmäßigkeit der Geschichte –, der sich aus der Abfolge der Generationen ergeben soll. Das typische Merkmal dieser Abfolge ist aber nicht, wie man vielleicht erwarten könnte, die Anpassung der Jungen an die Alten, das heißt die Unterwerfung der Nachgeborenen unter die Gesetze des Bestehenden – die typische Prämisse des Entwicklungsromans –, sondern die Anpassung der Alten an die Jungen. Der alternde Monsieur Santeuil kommt an jenem Punkt an, von dem der junge Jean aufbrach. Er kehrt sich ab von den falschen Hoffnungen eines Karrieristen, um zu den Träumen der Jugend zurückzukehren, jenseits aller Kompromisse, Opportunismen und Zwänge des Berufslebens. Erst jetzt wird er frei zu einer Existenz, die all das ernst nimmt, was ihm zuvor als nebensächlich erschien. Damit vollzieht Proust die Umkehrung des Entwicklungsromans, seine «Dekonstruktion», wenn man so will.

*Das Werk der Zeit hielt nicht inne*: Im Schlusssatz des Romanfragments [25] erscheint jenes Wort, das später am Ende der *Recherche* ebenfalls das letzte sein wird – Zeit. Ist auch *Jean Santeuil* schon als ein Roman konzipiert, der die zerstörerische Gewalt der Zeit und zugleich deren Überwindung und Aufhebung sinnfällig zur Erscheinung bringt? Voraussetzung dafür wäre zumindest die Erfahrung der spontanen, unwillkürlichen Erinnerung, der «mémoire involontaire». In der Tat taucht sie in mehreren Fragmenten auf, vor allem in den Passagen *Wiedergefundene Impressionen/ Erinnerungen an das Meer vor dem Genfer See* und *Unwetter/ Wintersturm.* In der letztgenannten trägt sie die Bezeichnung *mémoire désintéressée*, das heißt *uneigennützige Erinnerung* (die Übersetzung benutzt die Umschreibung *von aller Eigensucht befreites Gedächtnis*). Proust könnte jedoch auf den Kant'schen Begriff «interesseloses Wohlgefallen» anspielen, und die Übersetzung müsste dieser Möglichkeit entsprechen.

Schon die Titel der Passagen machen deutlich, dass diese Erfahrung mit Natureindrücken verknüpft ist, was in der *Recherche* nicht unbedingt als Voraussetzung gilt. Im Grunde ist sie die Wiederkehr eines vergangenen Augenblicks in der Gegenwart und macht so die Existenz einer ewigen Essenz (*une essence éternelle*) gleichsam sinnlich spürbar als ein Gefühl ästhetischen Genusses (*jouissance esthétique*), *als ob unsere wahre Natur außerhalb der Zeit läge, geschaffen, um das Ewige zu genießen.* (*Wiedergefundene Impressionen*) In der Imagination verknüpft das Subjekt die Wahrnehmung der Dinge, wie sie heute erscheinen, mit der Erinnerung an eine frühere Wahrnehmung, und beides fließt zusammen in einer genießenden Teilhabe an einer überzeitlichen Identität, die beide umschließt.

Anne Henry hat hier auf die Nähe zur Identitätsphilosophie Schellings hingewiesen, in der sowohl die Imagination als Intuition des Absoluten als auch die spontane Erinnerung als Vehikel der Identität von Subjekt und Objekt, Geist und Natur eine herausragende Bedeutung spielen.[26] Für den Autor von *Jean Santeuil* liegt in dieser Erfahrung auch die Quelle und der Ursprung der künstlerischen Produktion begründet. In der *Recherche* wird das nicht anders sein. Was jedoch das Hauptwerk von *Jean Santeuil* unterscheidet, ist die Tatsache, dass im frühen Romanfragment die *mémoire désintéressée* eine isolierte Erfahrung bleibt, während in der *Recherche* die gesamte narrative Konstruktion auf ihr basiert. Dort hat jede Szene, jedes Tableau eine eigene Bedeutung und ist doch zugleich immer auf die Gesamtkonstruktion des Werks bezogen, die ihr die spezifische Bedeutung und Funktion zuteilt. Diese «doppelte Artikulation» der Erzählung (Tadié) fehlt aber gerade in *Jean Santeuil.* Deshalb kann es dem Autor nicht gelingen, das

Verfließen der Zeit für den Leser nachvollziehbar zu machen, selbst wenn er häufiger betont, die Geschichte entfalte sich über einen langen Zeitraum, wobei allerdings unklar bleibt, ob es sich um zwanzig, dreißig oder gar um vierzig Jahre handelt.

Auch die Verwandtschaft des literarischen Schaffens mit anderen Formen künstlerischer Produktion kann unter diesen Voraussetzungen nicht sichtbar gemacht werden. Zwar sind Musik und Malerei schon präsent in Gestalt einer Violinsonate von Saint-Saëns und Gemälden von Monet, zwar wird gezeigt, wie in der Musik ein wiederkehrendes Motiv als Befreiung von der Herrschaft der Zeit und von einstigem Leiden empfunden werden kann und in den Bildern des Impressionisten gleichsam das Nichtsehen, das Verschwinden und Vernichten der Realität gestaltet wird, doch ein Zusammenhang mit dem Schreiben eines Romans wird nicht hergestellt. Es ist also nicht nur die Unfähigkeit des jungen und noch unerfahrenen Autors, auszuwählen, zu streichen und zu strukturieren, wie Maurice Bardèche meint[27], die zum Scheitern des Romanprojekts geführt hat, sondern die fehlende Grundkonstruktion. Der auktoriale Erzähler distanziert sich von seinem Helden, indem er ihn gleichsam vorführt, und ruft den Leser auf, sich ebenfalls zu distanzieren. Diese Distanzierung wird noch dadurch akzentuiert, dass der Verfasser des Vorworts sich vorstellt als Herausgeber des Romans nach dem Tod des Autors, dessen Name nur mit dem Kürzel C angegeben wird. All dies lässt zwar das Bemühen erkennen, die autobiographische Fundierung des Werks unkenntlich zu machen und zu transzendieren, doch ein solches Bemühen gelingt weitaus besser in der *Recherche* mit der Entscheidung für die Form der Icherzählung.

## Auf der Suche nach sich selbst: Die Ruskin-Übersetzungen

Zu Beginn seines vierten Lebensjahrzehnts ist Proust immer noch ohne gesellschaftliche Position, ohne eigenes Einkommen, und er hat kein literarisches Werk vorzuweisen, das sich allgemeiner Anerkennung erfreut. *Ich bin heute dreißig Jahre alt, und ich habe nichts geschaffen,* soll er 1901 aus Anlass seines Geburtstags geäußert haben.[28] Im Dezember des folgenden Jahres bekennt er: *Ich fühle die ganze Nichtigkeit meines Lebens, hundert Romanfiguren, tausend Ideen verlangen von mir, dass ich ihnen einen Körper gebe, wie jene Schatten in der Odyssee, die Ulysses um ein wenig Blut bitten, damit er sie ins Leben zurück bringe.*[29] Er bleibt finanziell abhängig von dem, was seine Eltern ihm zukommen lassen, bis sie ihm schließlich ein eigenes Budget einräumen, mit dem auszukommen er sich allerdings als unfähig erweist. Auch wohnt er immer noch bei seinen Eltern, und er muss sie um Zustimmung bitten, wenn er Diners für Freunde und Bekannte veranstalten möchte, die er im Hinblick auf spätere literarische Erfolge für unerlässlich hält. Und dieser Bekanntenkreis fordert einen aufwendigen Lebensstil, denn zu ihm gehören immer mehr Abkömmlinge aus höchstem und uraltem Adel. Prousts Eltern betrachten diese Beziehungen wohl eher mit zwiespältigen Gefühlen, denn sie sind, obgleich wohlhabend, eher bürgerlichen Prinzipien von Arbeit und Sparsamkeit verpflichtet. Die Lebensweise ihres Erstgeborenen, der sich dem normalen Tagesablauf einer Familie nicht unterwerfen mag, scheint sie umso mehr zu beunruhigen, als der jüngere Sohn Robert ihren Erwartungen vollkommen entspricht. Sein Weg als Mediziner ist eine perfekte Kopie der erfolgreichen Karriere des Vaters – schon 1905 wird er zum Professor ernannt –, und mit seiner Heirat mit Marthe Dubois-Amiot im Februar 1903 fügt er sich wie selbstverständlich ins Bild einer glücklichen Familie. Marcel reagiert auf dies Ereignis einmal mehr mit der für ihn typischen Antwort: Er gibt sich leidend. Wie eine Mumie habe er am Hochzeitstag ausgesehen, so erinnert sich noch Jahrzehnte später eine Cousine, die ihm als

Adrien Proust und sein Sohn Robert, dessen Karriere den Vorstellungen des Vaters entspricht.

Brautjungfer zugewiesen war. Die Ressentiments, die er wohl seit langem gegenüber seinem Bruder hegt, scheinen sich in dieser Zeit verstärkt zu äußern. Wenn seine Mutter ihn darauf hinweist, wie sehr es Robert verstehe, durch Fleiß und Arbeit den Weg zum Herzen des Vaters zu finden, so antwortet Marcel mit ironischem Unterton: *Dick [Robert] ist eine moralische und auch eine geistige und physische Perle.*[30] Fast mutet es an, als spiele Marcel bewusst und absichtsvoll die Rolle des gescheiterten und missratenen Sohnes, doch niemals gesteht er eigene Verantwortung ein, er beruft sich vielmehr immer auf seine prekäre Gesundheit.

Es mag scheinen, als versuche Marcel Proust dieser Situation zu entfliehen, wenn er sich nun verstärkt dem Journalismus und schließlich der Übersetzertätigkeit zuwendet, anstatt erneut ein großes Romanprojekt anzugehen. Für einige Zeitungen, insbesondere «Le Figaro», verfasst er Porträts von Zeitgenossen und von Salons. Man kann sich des Eindrucks nicht erwehren, dass es ihm vor allem darauf ankommt, Freunde, für die sich ansonsten kaum jemand interessiert, wie etwa Antoine de Bibesco und Léon Radziwill, einer größeren Öffentlichkeit bekannt zu machen. Und was die Salons angeht, so gelingt es ihm keineswegs, deren kulturtragende Bedeutung ins Licht zu rücken, sieht man einmal ab vom Salon der kaiserlichen Prinzessin Mathilde, dessen Blüte freilich schon einige Jahrzehnte zurückliegt. Weit entfernt sind seine Texte von der Kunst seines großen Vorbilds aus dem 17. Jahrhundert, des Herzogs von Saint-Simon, der durch seine ironisch-satirischen Porträts vom Hof Ludwigs XIV. berühmt wurde.

In einer dieser *Chroniques mondaines* Prousts sind zum Beispiel folgende Zeilen zu lesen: *Durch ihre Heirat trat Mlle Singer in enge verwandtschaftliche Beziehungen zu den Familien La Rochefoucauld, Croy, Luynes und Gontant-Biron. Die Schwester des Fürsten von Polignac war die erste Frau des Herzogs von Doudeauville gewesen. Die Fürstin von Polignac wurde also die Tante der Herzogin von Luynes, geborene La Rochefoucauld, die Großtante der Herzogin von Luynes geborene Uzès, und der Herzogin von Noailles.*[31] Die kulturell interessierte Leserschaft ist gewiss dankbar für solch tiefe Einsichten in die Welt der Aristokratie.

Von ganz anderer Bedeutung aber sind Prousts Übersetzungen jener Jahre, auch sie freilich Arbeiten, die nur wenig Anerkennung versprechen. Wenn seine Wahl nun ausgerechnet auf einen britischen Autor, nämlich John Ruskin (1819–1900) fällt, so scheint dies keine kluge Entscheidung zu sein, denn Proust ist des Englischen nicht mächtig, er muss sich vielmehr auf die sprachliche Kompetenz seiner Mutter verlassen, die auf diese Weise wiederum die Möglichkeit erhält, sein Tun zu kontrollieren. Zwei Werke des Kunstkritikers wird er in den folgenden Jahren übersetzen: «The Bible of Amiens» (1904) sowie «Sesame and the Lilies» (1906).

Ruskin zählt zu jenen Autoren, die im 19. Jahrhundert die mittelalterliche Architektur, insbesondere die gotische Kathedrale, wiederentdeckt haben. Er ist damit Roger Viollet-Le-Duc und Victor Hugo vergleichbar, dessen Roman «Der Glöckner von Notre-Dame» (1831) einen massenwirksamen Beitrag zur Würdigung der gotischen Bauweise leistete. Diese Wiedergeburt wurde jedoch auf unterschiedliche Weisen verstanden. Für die einen ist die Kathedrale eine Inkarnation nationaler Identität, gleichsam eine Vorwegnahme aufklärerischen und revolutionär-demokratischen Geistes, Volksbewegung, die sich von klerikaler Bevormundung emanzipiert: Dies gilt für Hugo und noch für Claude Monet mit seiner Serie von Ansichten der Kathedrale von Rouen. Für die anderen, die traditionalistisch-katholischen Autoren wie etwa Joris-Karl Huysmans («Die Kathedrale», 1898) geht es um die Überwindung einer dekadenten Gegenwart aus dem Geist christlich-mittelalterlicher Kultur. Auch Proust ist ein glühender Verehrer des gotischen Sakralstils, doch er entscheidet sich weder für die eine noch für die andere Lesart. Einerseits denkt er laizistisch und sieht in der Kathedrale ausschließlich ein Dokument zeitloser Schönheit, andererseits möchte er den Sakralbau nicht abgelöst sehen von den religiösen Zeremonien. Dieses Verständnis macht ihn zu einem leidenschaftlichen Gegner der Trennung von Staat und Kirche, die, dessen ist er sicher, zum Tod der Kathedralen führen wird.

In der Beschäftigung mit Ruskin entwickelt Proust seine eigene Ästhetik, daher sind seine einleitenden Essays von größerer Bedeutung als die Übersetzung. Diese Auseinandersetzung ist für ihn umso dringlicher, als sein erstes großes Romanprojekt gescheitert ist, und keineswegs die Rede davon sein kann, dass seine Konzeption von Literatur, wie Jean-Yves Tadié behauptet, zu diesem Zeitpunkt schon weitgehend feststeht.[32]

**John Ruskin (1819–1900)**
Der Kunstkritiker machte sich durch seine Essays «Modern Painters» (1843–60), in denen er u. a. den Stil Turners verteidigte, einen Namen. Architekturgeschichtliche Werke wie «The Stones of Venice» (1851–53) und später «The Bible of Amiens» (1885) dienten kunstinteressierten Touristen wie Marcel Proust als Fremdenführer. Mit der Sammlung «Under this last» (1862) propagierte er soziale Reformen, mit den Vorträgen «Sesame and the Lilies» (1865) setzte er sich für die Bildung des Volkes durch Lesen ein.

Prousts Interesse für Ruskin ist wohl durch den Philosophen Paul Desjardins geweckt worden. Die Werke des Briten hatten freilich schon längst einen festen Platz in der französischen Öffentlichkeit seit Joseph Milsands Essay «L'esthétique anglaise» von

1864. Doch zwei gegensätzliche Deutungen stehen sich gegenüber: Sehen die einen in Ruskin den Befürworter einer Ästhetik, die das Prinzip des Schönen dem Prinzip des Guten und Wahren unterwirft, so möchten die anderen wie etwa Robert La Sizeranne («Ruskin et la religion de la beauté», 1897) ihn als einen Anhänger der reinen Kunst ausweisen. Seine Werke werden so zu einem Spiegel einer alten innerfranzösischen Kontroverse, die schon um 1830 geführt wurde und um 1900 wieder aktuell ist: Hat die Kunst eine gesellschaftliche Funktion, oder ist sie als L'art pour l'art nur sich selbst verantwortlich? Auf diese Frage eine Antwort zu finden, ist für Proust angesichts seiner eigenen ungelösten Probleme als Autor von entscheidender Bedeutung. Es unterliegt keinem Zweifel, dass Ruskin mit seinen kunstgeschichtlichen Werken sozialreformerische Ziele verfolgt. Die mittelalterliche Kathedrale etwa dient ihm als Beispiel für eine nicht entfremdete Form von handwerklich-künstlerischer Arbeit, die er der modernen kapitalistischen Produktionsweise entgegensetzt. Damit stellt sich unmittelbar das Problem des Verhältnisses von Gegenwart und Vergangenheit, oder anders: die Frage, inwiefern in der Erinnerung eine vergangene Lebensweise ‹auferweckt› werden kann, um für künftige Praxis fruchtbar gemacht zu werden. Wenn es möglich war, so Ruskins Argumentation, in der «Bibel von Amiens», in der Kathedrale, den Geist des Evangeliums wieder entstehen zu lassen, dann muss es auch möglich sein, den Geist der Kathedrale in der Gegenwart für die Zukunft zu reaktivieren. An dieser Stelle wird der Bezug deutlich zum zentralen Problem des literarischen Schaffens von Proust, das heißt zur Frage der Wiederauferweckung oder Auferstehung (*résurrection*) der Vergangenheit als eine nach vorwärts konstruierte Erinnerung. Erst mit der *Recherche* wird er diese Frage zu lösen imstande sein.

Freilich erhebt Proust gegen Ruskin den gravierenden Vorwurf, er habe sich der Idolatrie schuldig gemacht. Das meint, er habe letztlich das Prinzip des Schönen mit dem moralischen Prinzip des Guten verwechselt. Damit scheint Proust sich wieder auf die Seite der Ästhetizisten zu schlagen, bevor er schließlich eine erneute Kehre vollzieht: *Der Gegenstand des Romanciers, die Vision des Dichters, die Wahrheit des Philosophen drängt sich ihnen in fast notwendiger Weise auf, als sei sie ihrem Denken äußerlich.*[33] Der Künstler vermag unsterbliche Werke zu schaffen, weil sie nicht nach dem Bild seines vergänglichen Wesens entstanden sind, sondern nach dem Bild des Modells von Menschheit, das er in sich trägt. Proust entgeht damit einem weiteren Dilemma zeitgenössischer Ästhetik, die die künstlerische Imagination entweder zu einem Derivat objektiver physiologischer Gesetzmäßigkeiten erklärt, oder sie in die rein subjektive Sphäre der Illusion und der Beliebigkeit verweist. Damit erhebt sich für Proust jedoch die Frage nach einer metaphysisch-religiösen Begründung und Legitimation der Kunst, wie sie ihm aus seiner Beschäftigung mit dem deutschen Idealismus vertraut ist.

Ähnlich widersprüchlich ist auch Prousts Rezeption des zweiten übersetzten Werks von Ruskin, «Sesame and the Lilies». Dies dokumentiert sein Vorwort «Sur la lecture» («Tage des Lesens»). Wie für zahlreiche progressive Literaten des 19. Jahrhunderts – etwa Hugo, Sand, Zola und France – ist auch für Ruskin die Lektüre der Königsweg zur Erziehung und Emanzipation der Massen. Eine solche Instrumentalisierung kann Proust jedoch nicht akzeptieren. Er weist den Gedanken zurück, Lesen bedeute Kommunikation und Konversation mit den großen Geistern, und ebenso die Auffassung, die Lektüre selbst sei schon geistige Existenz. Dies könne allein deswegen nicht sein, weil sich Lektüre in der Einsamkeit des Individuums vollziehe. Sicherlich argumentiert hier derjenige, für den geistiges Leben im vollen Sinn das künstlerische Schaffen sein kann. Eines aber vermag, so Proust, die Lektüre zumal der Werke früherer Zeiten zu verwirklichen: den vertrauten, gleichsam familiären Umgang mit der Vergangenheit inmitten der Gegenwart.

John Ruskin, britischer Kunsthistoriker und Sozialreformer. Foto, um 1870

Prousts Arbeit an den Ruskin-Übersetzungen wird immer wieder unterbrochen durch Phasen von Krankheit und Depression, die zumeist mit Geschehnissen in der Familie zusammenhängen. Im November 1903 stirbt sein Vater. Adrien Proust, fast siebzig Jahre alt, zum größten Teil seiner Pflichten als Arzt und Forscher entbunden, erleidet einen Schlaganfall, während er eine Kommissionssitzung der Medizinischen Fakultät leitet. Er stirbt zwei Tage später am 26. November. Das Begräbnis wird zu einem gesellschaftlichen Ereignis, an dem nicht nur die Lehrenden der Medizinischen Fakultät und der Académie de Médecine, sondern auch Minister und hohe Staatsbeamte teilnehmen. Auf dem Friedhof Père-Lachaise hält der Dekan die Grabrede und zitiert den verstorbenen mit den Worten: «‹Ich war mein ganzes Leben lang glücklich, ich habe nur einen Wunsch, sanft und ohne Leiden fortzugehen.›»[34] Doch nicht alles ist so glatt und glücklich gewesen, wie es die Apotheose des Kollegen vermuten lässt. Seine Forschungsergebnisse sind schon längst nicht mehr so unumstritten wie in früheren Jahrzehnten.

Und das Verhältnis zu seinem Sohn Marcel? Wie Adrien Proust es gesehen hat, darüber wissen wir fast nichts, einiges aber über die Art und Weise, wie Marcel Proust den Tod des Vaters zu verarbeiten versucht. In einem Brief an Anna de Noailles vom Dezember 1903 heißt es: *Ich bin immer der schwarze Punkt in seinem Leben gewesen. Papa hatte eine so viel edlere Natur als ich. Das Leben hat neu begonnen. Wenn ich ein Ziel hätte, irgend einen Ehrgeiz, so würde mir das vielleicht helfen, es zu ertragen. Aber das ist nicht der Fall. Mein vages Glücksgefühl war nur ein Widerschein des Glücks, das ich in meiner Nähe zwischen Papa und Mama sah, nicht ohne Gewissensbisse darüber zu empfinden, dass ich sein einziger Schatten war.*[35] Die Tendenz ist deutlich: Er verklärt seinen Vater und dessen Verhältnis zu seiner Mutter; er scheint den Vater in sein eigenes Ichideal zu integrieren, und gerade dies verursacht und verschärft seine Schuldgefühle, das Bewusstsein des eigenen Versagens.

Der Tod des Vaters und die Eheschließung des Bruders sind der Beginn des gemeinsamen Lebens mit der Mutter. Ein glückliches Leben? Gewiss, sie haben Interessen und Anschauungen, die sie miteinander verbinden: die Liebe zur Literatur, die politische Präferenz für die republikanische und laizistische Linke. Die Probleme ihrer Beziehung liegen jedoch tiefer. Scheinbar akzeptiert sie nun den in ihren Augen unnatürlichen Lebensrhythmus ihres Sohnes, ohne ihn selbst zu übernehmen. Ein Biograph nennt sie daher «die großherzige Dienerin». Doch von einer glücklichen Beziehung kann nicht die Rede sein. Aus der Korrespondenz Marcel Prousts lässt sich erschließen, dass die alten Konflikte unter der Oberfläche schwelen. Ihre Trauer, so glaubt er zu wissen, hat den Grund darin, dass ihr mit dem Tod des Vaters der Lebensmittelpunkt verloren gegangen ist. Ebenso wahrscheinlich ist jedoch, dass ihr die tieferen Ursachen der Krankheit ihres Sohnes nicht verborgen bleiben und ihr Leiden auch daher rührt. Sie versucht, ihn zu überreden, sich einer psychotherapeutischen Behandlung zu unterziehen. Sie hat wohl immer noch nicht die Hoffnung aufgegeben, sein Gefühlsleben lasse sich schließlich doch in ‹normale› Bahnen lenken. Und Marcel Proust spielt mit. Als mehrere seiner engsten Freunde sich entschließen, eine Ehe einzugehen, beginnt er, die schöne Louisa de Mornand zu umwerben. Er

Louisa de Mornand – eine Liebe Marcel Prousts?

widmet ihr seine Übersetzung der «Bible of Amiens» mit einem freilich sehr zweideutigen Vers: *Demjenigen, der Louisa de Mornand nicht haben kann, bleibt nur die Sünde Onans.* Noch Jahrzehnte später wird sich die so Umworbene einer «amitié amoureuse» rühmen. Marcel indessen ist nicht in der Lage, sich aus seinen psychotischen Zwängen zu befreien. Im Sommer 1905 schreibt er: *Es geht mir immer schlechter. Seit drei Wochen habe ich das Haus nicht verlassen.*[36] Doch er ahnt nicht, dass ihm die eigentliche Katastrophe seines Lebens noch bevorsteht.

Im Herbst 1905 begleitet er seine Mutter nach Evian zu ihrer jährlichen Kur. Eine plötzlich auftretende Nierenkrise erfordert die Rückkehr nach Paris. Ihr Zustand verschlechtert sich schnell, bald treten auch Sprachstörungen auf. Am 26. September stirbt Jeanne Weil im Alter von 56 Jahren. Da sie der jüdischen Tradition verbunden geblieben und nicht zum Katholizismus übergetreten ist, findet ihr Begräbnis auf dem Père-Lachaise in aller Stille und ohne religiöse Zeremonie statt. Immerhin erscheint in «Le Figaro» eine Notiz, die von der Teilnahme zahlreicher Persönlichkeiten an der Beisetzung spricht. Marcel Proust gibt sich untröstlich. Tagelang, wochenlang schließt er sich in sein Zimmer ein; er ist mutlos, ohne Willen zum Leben und doch fähig, in zahllosen Briefen seinen Schmerz und seine Trauer allen mitzuteilen, die er kennt – vielleicht eine Art Selbsttherapie. *Mein Leben hat seinen einzigen Zweck verloren, seine einzige Liebe, seinen einzigen Trost,* schreibt er an Montesquiou. *Ich habe das Gefühl, dass ich aufgrund meiner schlechten Gesundheit der Kummer und die Sorge ihres Lebens gewesen bin.*[37] Noch immer lebt er offensichtlich in einer Selbsttäuschung und muss sie anderen glaubhaft machen. Nein, es war nicht nur seine Gesundheit, die der Mutter Sorgen bereitete, jedenfalls nicht seine physische Gesundheit. Im Grunde weiß er es wohl, doch er vermag es sich nicht einzugestehen. Auch wenn uns heute seine unablässigen Bekenntnisse eher geschwätzig und voller Selbstmitleid erscheinen, für ihn sind sie wohl ein unerlässlicher Teil seiner Trauerarbeit. Mag er auch die noch zu Lebzeiten seiner Mutter begonnene Therapie wieder abbrechen, in den Jahren 1906 und 1907 ist ein Erwachen zu neuem Leben festzustellen. Als Ausdruck seiner emotionalen Ablösung von der Mutter mag man auch seinen Umzug aus der elterlichen Wohnung in ein Appartement am Boulevard Haussmann ansehen. Im Übrigen ist er nun ein reicher Mann, der von dem Ererbten sorglos als Privatier leben kann, ohne einem Gelderwerb nachgehen zu müssen. Und gerade jetzt findet er einen neuen Zugang zu dem, was er frühzeitig als seine Bestimmung angesehen hat: die schriftstellerische Tätigkeit. Am 7. Dezember 1906 schreibt er an Marie Nordlinger: *Ich habe für immer die Ära der Übersetzungen abgeschlossen.*[38]

Der Tod seiner Eltern ist die unabdingbare Voraussetzung seiner Emanzipation, in gewisser Weise seines Erwachsenwerdens. Erst jetzt wird seine schöpferische Kraft befreit. Seine schriftstellerische Tätigkeit ist gesellschaftliche Legitimation seiner Existenz und zugleich Selbstrechtfertigung vor seinen Eltern. Sie bedeutet auch das Abtragen einer Schuld, in der er sich ihnen gegenüber glaubt. Zu Céleste Albaret, seiner späteren Hausangestellten, wird er eines Tages sagen: *Ach, Céleste, wenn ich doch sicher wäre, mit meinen Büchern so viel zu leisten, wie Papa für seine Kranken getan hat.*[39]

# Die langsame Entstehung der «Recherche»

Obwohl Proust auch weiterhin Artikel für Zeitschriften schreiben wird, genügt die journalistische Tätigkeit seinen schriftstellerischen Ansprüchen an sich selbst nun nicht mehr. Bevor jedoch davon zu handeln ist, wie in seinem Geist das Opus magnum, das einmal *Auf der Suche nach der verlorenen Zeit* heißen wird, Gestalt annimmt, muss auf zwei Publikationen eingegangen werden, die eine beachtliche Resonanz finden.

Auf Bitten des Chefredakteurs von «Le Figaro» verfasst Proust im Januar 1907 einen Artikel mit dem Titel *Sohnesgefühle eines Muttermörders.* Anlass ist das Verbrechen eines gewissen Henri van Blarenberghe, der – offensichtlich in einem Anfall von Wahnsinn – seine Mutter erdolcht und sich anschließend selbst umgebracht hat. Zwischen der Familie Proust und den Eltern des Täters gab es freundschaftliche Kontakte, und Marcel Proust erinnert sich an Begegnungen mit Henri. Die Tendenz des Artikels ist offenkundig. Der in der Öffentlichkeit angesichts einer unfassbaren Bluttat zum Monster stilisierte junge Mann wird in der Darstellung Prousts zu einem normalen, geradezu liebenswürdigen Menschen. Indem Proust den Mörder mit Ajax und König Lear, mit Karamasov und vor allem mit Ödipus vergleicht, verleiht er ihm ästhetische Dignität und mythische Qualität. Das Verbrechen des Muttermörders erhält so einen archetypischen Charakter, es kann sich jederzeit in konkreten zwischenmenschlichen Beziehungen wiederholen. Einige Formulierungen schockieren den Herausgeber des «Figaro» so sehr, dass er einen ganzen Abschnitt streicht. *Ich habe zeigen wollen,* so Proust, *in welcher reinen, in welcher religiösen Atmosphäre von moralischer Schönheit dieser Ausbruch von Wahnsinn stattgefunden hat. […] Und dass der arme Muttermörder nicht ein verbrecherisches Tier war, ein Wesen außerhalb der Menschheit, sondern ein edles Exemplar der Menschheit, ein Mann von aufgeklärtem Geist, ein zärtlicher und frommer Sohn.*[40]

Was der Leser schon zu Beginn des Artikels ahnt, wird erst am

Marcel Proust. Aquarell von Ursula Schmidt
nach der Fotografie von H. Martinie, 2003

Ende offenbar: Der Verfasser identifiziert sich selbst weitgehend
mit dem Schicksal des Täters, wie es das Pronomen *wir* im folgenden Zitat deutlich macht: *Wir töten, was wir lieben.* Gewiss muss es
Hypothese bleiben, wieweit sich Proust verantwortlich fühlt für
den Tod seiner Mutter. Festzuhalten bleibt aber seine Erkenntnis,
dass in aller Zuneigung, in aller Liebe auch ein Element von vielleicht unbewusstem Zerstörungswillen gegenüber der geliebten
Person enthalten ist.

Die andere Publikation ist die Reihe der *Pastiches* (*Nachgeahmtes*), die im Februar und März 1908 in «Le Figaro» erscheinen. Als

Ausgangspunkt dient auch hier ein reales Geschehen: die Le-moine-Affäre. Ein Ingenieur dieses Namens hat den Edelsteinhan-del de Beers zur Zahlung von einer Million Francs überredet mit der Versicherung, er habe das Geheimnis der künstlichen Herstel-lung von Diamanten entdeckt. Doch dies erweist sich sehr bald als Betrug, und der Mann wird zu sechs Jahren Gefängnis verurteilt. Proust ergreift die Gelegenheit, diese Affäre in Form von Stilimita-ten bekannter Autoren darzustellen (Balzac, Flaubert u. a.). Das Pastiche ist gerade in Mode: Im selben Jahr publizieren Paul Re-boux und Charles Muller den ersten Band der Serie «A la manière de …» («In der Art von …»), die zum Teil noch heute gern gelesen wird. Für Proust handelt es sich um ein Spiel von Identifikation und Distanzierung. Er macht die Erfahrung, dass er in der Lage ist, sich den Stil anderer anzueignen, sich zugleich aber ironisch ab-zusetzen. Die *Pastiches* sind für ihn ein wichtiges Stadium auf dem Weg zu einer eigenen Schreibweise. Noch in der *Recherche* werden sie eine Rolle spielen (erinnert sei an das Pastiche eines Abschnitts aus dem Tagebuch der Brüder Goncourt).

Wohl im Sommer 1907 während eines Ferienaufenthalts in Cabourg entwickelt Proust eine genauere Vorstellung von dem Werk, an dem er von nun an arbeiten wird. Dies jedenfalls be-hauptet später der Kunsthändler René Gimpel, der in diesen Som-mermonaten engen Kontakt zu ihm pflegt. Proust habe zu diesem Zeitpunkt schon den vollständigen Plan seines Werks gehabt und von den Polemiken gesprochen, die das riskante Thema entfachen werde.[41] Mit Sicherheit wissen wir heute, dass er eine Fülle von Eindrücken fixiert hat, die in den Text seines Romans eingehen werden. Das bekannteste Beispiel sind die *Eindrücke von einer Fahrt im Automobil* (*Impressions de route en automobile*), die im November 1908 in «Le Figaro» erscheinen und später in den ersten Teil der *Recherche* (*Combray*) integriert werden. Proust ist fasziniert von den ständigen Veränderungen der Wahrnehmung, wie sie die Fahrt in einem Auto (oder einem Eisenbahnzug) hervorbringt. Sie modifizieren sein Verständnis vom Verhältnis zwischen Subjekt und Objekt, das von der Perspektive abhängig ist, und sie bringen eine gleichsam kubistische Konzeption hervor, das heißt die ver-vielfachte Darstellung eines Gegenstands durch wechselnde Sichtweisen.

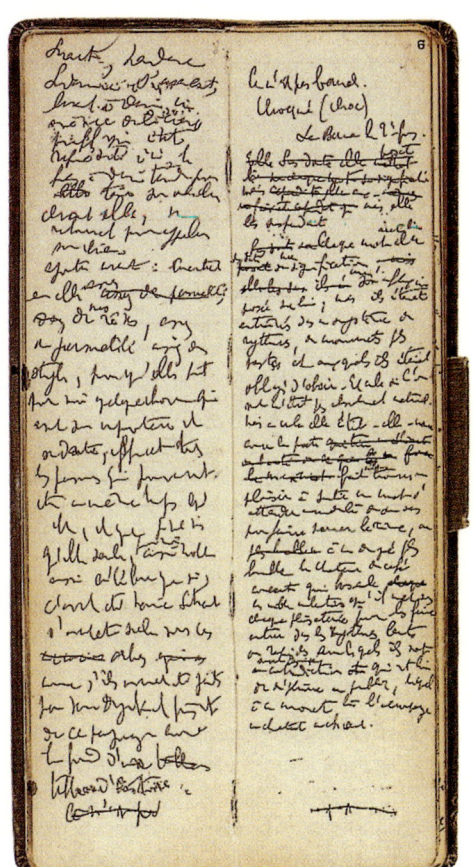

In Hefte («carnets») wie dieses trug Marcel Proust Vorstudien zur «Recherche» ein.

Im Frühjahr des folgenden Jahrs bezeichnet Proust eine Reihe von Themen und Episoden als *pages écrites*, die schon eine Art Bauplan des künftigen Werks erahnen lassen. Dies jedenfalls kann man an jenem Notizbuch ablesen, das seit seiner Publikation durch Philippe Kolb (1976) den Titel «Carnet de 1908» trägt. Bernard de Fallois hat es, um seine Bedeutung für den Schaffensprozess des Autors zu unterstreichen, «Journal de bord de sa création» («Bordbuch seines Schaffens») genannt.[42] Wahrscheinlich im Juli 1908 notiert Proust darin eine Reihe von Themen, die später in der

*Recherche* auftauchen. In allen Fällen handelt es sich um Projekte und nicht um bereits geschriebene Seiten, wie Prousts Formulierung vermuten lässt. Sieht man davon ab, dass offensichtlich noch eine Episode vorgesehen ist, in der Marcels Bruder Robert eine Rolle spielt, sind hier schon zahlreiche Motive zu erkennen, die in der *Recherche* eine zentrale Bedeutung haben werden: die enge Beziehung zur Mutter; die Unfähigkeit des Jungen, abends einzuschlafen; die Enttäuschung, die der vermeintliche Besitz einer Person in der Liebesleidenschaft verursacht; das – noch nicht näher gekennzeichnete – Laster; die beiden sozialen Welten des Bürgertums und des Adels, die später die Namen Swann und Guermantes tragen werden. Es sind alles Themen, die offensichtlich in einer autobiographisch fundierten Romanfiktion ihren Stellenwert finden sollen.

Doch sehr bald mischt sich in dieses Projekt ein anderes Vorhaben. Schon im Mai 1908 heißt es in einem Brief: *Ich habe in Arbeit: eine Studie über den Adel; einen Parisroman; einen Essay über Sainte-Beuve und Flaubert; einen Essay über die Frauen; einen Essay über die Päderastie (nicht leicht zu publizieren); eine Studie über Kirchenfenster; eine Studie über Grabsteine; eine Studie über den Roman.*[43] Bis auf die *Grabsteine* werden alle Studien in die *Recherche* eingehen. Bemerkenswert ist aber vor allem die Erwähnung von Charles Sainte-Beuve. Dem Werk dieses Literaturkritikers des 19. Jahrhunderts gilt nun Prousts besonderes Interesse. Dies hat zur Folge, dass die essayistischen Passagen im Vergleich zu den erzählerischen ständig anwachsen und Proust schließlich unsicher ist, ob er sich für die Form des Essays oder des Romans entscheiden soll.

Ende 1908 wendet er sich mit der Bitte um Rat in nahezu gleichlautenden Briefen an Georges de Lauris und Anna de Noailles: *Ich werde etwas über Sainte-Beuve schreiben. Ich habe sozusagen zwei Artikel in meinem Gedächtnis konstruiert. Der eine ist ein Essay im Stile Taines, nur weniger gut. Der andere würde mit der Schilderung eines Morgens beginnen, Maman würde an mein Bett kommen, und ich würde ihr einen Artikel erzählen, den ich über Sainte-Beuve machen möchte. Was würden Sie für besser halten?*[44]

Mitte August 1909 wendet er sich an der Direktor des Verlags Mercure de France, Alfred Vallette, um ihm sein Manuskript zur Publikation anzubieten: *Ich beende ein Buch, das trotz seines proviso-*

rischen Titels «Gegen Sainte-Beuve – Erinnerungen an einen Vormittag» ein wahrhafter Roman ist. Und ein außerordentlich unsittlicher Roman in gewissen Teilen. Eine der Hauptpersonen ist ein Homosexueller. [...] Der Name Sainte-Beuve kommt nicht zufällig. Das Buch endet in der Tat mit einer langen Unterhaltung über Sainte-Beuve und die Ästhetik. [...] Und wenn man das Buch beendet haben wird, wird man sehen (das möchte ich), dass der ganze Roman nur die Verwirklichung der künstlerischen Prinzipien ist, die in diesem letzten Teil geäußert werden, eine Art ans Ende gesetztes Vorwort, wenn Sie so wollen.[45] Der Verlag lehnt jedoch die Publikation eines solchen Werks ab.

**Charles-Augustin de Sainte-Beuve (1804–69)** Romantiker und Konkurrent Victor Hugos, Lyriker («Les Consolations», 1830) und Romancier («Volupté», 1834) zweiten Ranges, wurde vor allem durch seine «Lundis» bekannt, die montags in Tageszeitungen publizierten Rezensionen neuer literarischer Werke, in denen er gern auf die Beziehungen zwischen der Biographie des Autors und künstlerischem Schaffen abhob.

Proust ist sich offensichtlich sehr bald darüber im Klaren, dass *Gegen Sainte-Beuve* den Rahmen des traditionellen Romans, so wie ihn die großen Autoren des 19. Jahrhunderts schufen, sprengen muss. Wie aus seinem Brief hervorgeht, soll es zugleich Erzählwerk und ästhetische Theorie sein, eine neue Konzeption künstlerischen Schaffens darlegen und zugleich ihre Realisierung sein. Warum aber misst er Sainte-Beuve, diesem zweitrangigen Autor, eine so große Bedeutung bei? Sainte-Beuve, der eigentliche Erfinder der feuilletonistischen Literaturkritik, war auch Vertreter einer Auffassung, die die Besonderheit eines individuellen Werks aus den Lebensumständen des jeweiligen Autors ableiten wollte. Proust hingegen vertritt dezidiert die Gegenposition: *Ein Buch ist das Produkt eines anderen Ichs als jenes, das wir in unseren Gewohnheiten, in der Gesellschaft, in unseren Lastern offenbaren.*[46] Es geht dabei aber nicht um Sainte-Beuve allein, an dessen Vorstellungen orientiert sich vielmehr die gesamte journalistische Literaturkritik auch noch zu Zeiten Prousts. Und selbst das vermeintlich wissenschaftliche Vorgehen eines Hippolyte Taine, das sich auf Erklärungsprinzipien wie Milieu, Rasse und Moment beruft, ist in den Augen Prousts nichts anderes als die positivistische Fortsetzung der Methode Sainte-Beuves. So ist künstlerische Kreativität nach Proust nicht aus Ursachen ableitbar, die ihr äußerlich sind.

Ein solches Bemühen, das Schaffen des Künstlers gleichsam absolut und nicht historisch-gesellschaftlich oder gar biographisch zu legitimieren, entspricht gewiss einer alten idealistischen Tradition. Man mag sich aber auch fragen, ob Proust, indem er die Unerkennbarkeit des Subjektiven postuliert, nicht der verständlichen Versuchung unterliegt, sein Privatestes und Persönlichstes mit dem Schleier des prinzipiell Verborgenen zu umhüllen.

Erzählpassagen, theoretische Reflexionen und poetische Impressionen lösen schon in *Gegen Sainte-Beuve* einander ab, wie es auch in der *Recherche* der Fall sein wird. Freilich sind diese unterschiedlichen Textformen noch kaum organisch miteinander verbunden und aufeinander bezogen. Deswegen bedarf es eines erklärenden Vorworts, das auf jene poetischen Zustände verweist, die tragende Säulen der *Recherche* sein werden. Ausgelöst werden diese Zustände zum Beispiel durch ein in Tee getauchtes Biskuit, das zufällige Stolpern über einen Pflasterstein im Hof, den Löffel, der auf einen Teller fällt, das heißt durch jene Momente, die geeignet sind, die Abschottungen der Erinnerung niederzureißen und die Auferstehung (*résurrection*) der verschütteten Vergangenheit zu ermöglichen.

Charles-Augustin de Sainte-Beuve, Begründer der feuilletonistischen Literaturkritik nach dem Prinzip «Der Mensch und sein Werk». Foto, um 1860

Die Entwürfe zu *Gegen Sainte-Beuve* sind von Maurice Bardèche zu Recht eine Krypta der späteren Kathedrale genannt worden.[47] Denn ein in sich geschlossener und vollendeter Text existiert nicht. Aus der Fülle der handschriftlichen Fragmente eine Art Gesamttext zu erstellen ist wiederholt versucht worden. Drei Varianten liegen vor. Als Erster hat Bernard de Fallois mit seiner Ausgabe des *Contre Sainte-Beuve* von 1954 eine Rekonstruktion vorgenommen, die auf Kohärenz der Motive und Episoden abzielt, daher gut lesbar ist, aber bedauerlicherweise nicht den Entwicklungsstadien des Werks entspricht. Es handelt sich, so könnte man sagen, um eine Fiktion des Herausgebers, in der Roman und Essay in etwa gleichrangig sind. Pierre Clarac hingegen beschränkt sich in seiner Ausgabe von 1972 auf eine Sammlung der rein literarischen Essays, und dies ist eine noch stärkere Verfälschung des Proust'schen Projekts. Die wohl interessanteste Ausgabe ist die von Luzius Keller besorgte deutsche Edition (1997). Sie bietet einen sehr informativen Einblick in die Textarbeit Prousts dank der Abfolge mehrerer Varianten desselben Fragments. Das für den Autor typische Verfahren ist die ständige Wiederaufnahme eines Textsegments, dessen Erweiterung, Kürzung oder Veränderung. Prousts Texte, so lässt sich behaupten, sind niemals abgeschlossen. Bedauerlicherweise hat Keller jedoch wichtige Passagen über die Methode von Sainte-Beuve, die für das Verständnis der Ästhetik Prousts unerlässlich sind, beiseite gelassen.

Auf der Basis der zahlreichen Hefte, Blätter und Notizbücher hat Jean-Yves Tadié ein virtuelles Schema des *Contre Sainte-Beuve* zu erstellen versucht. «Ein Held, der ‹ich›, sagt, kann nicht einschlafen und erwartet den Morgen und seine Mutter. Er erinnert sich sodann unterschiedlicher Orte auf dem Land und am Meer, an Combray, den Ort seiner Kindheit, wo er das Drama des Zubettgehens erlebt hat und das Vergnügen der Spaziergänge nach zwei entgegengesetzten Seiten, wo er Swann getroffen hat, und an Querqueville, der erste Name für Balbec, wo er mit seiner Großmutter und Madame de Villeparisis im Hotel weilt, und mit Montargis, dem späteren Saint-Loup, Freundschaft schließt. Als er aufwacht, bringt seine Mutter ihm eine Zeitung, in der ein Artikel von ihm erschienen ist. Andererseits hört er Straßenlärm, betrachtet Sonnenstrahlen auf dem Balkon. Er erinnert sich an die Reise, die er mit seiner Mutter nach Venedig gemacht hat. Paris, wo er nun lebt, umfasst auch die Welt der Guermantes, die Balzac verbunden sind aufgrund der Lektüre seiner Werke und über den der Erzähler mit seiner Mutter spricht. Der Held ist verliebt in die Herzogin, die am Ende des Hofs wohnt. Swann liebt Sonia. Man sieht auch junge Mädchen vorbeiziehen, die sein [des Erzählers] Begehren wecken; insbesondere die Zimmerfrau der Baronin von Picpus, Mademoiselle de Quimperlé, eine Bäuerin in Pinsonville. Man sieht auch den Verdurin-Klan auftauchen, zu dem bereits ein Pianist, ein Arzt, eine Kokotte gehören. [...] Der Herzog von Quercy, der spätere Charlus, ist der Homosexuelle, über den Proust mit Vallette gesprochen hat: Er ermöglicht die Entdeckung der verfluchten Rasse, der Invertierten, zu der sich die Floristin Borniche hinzugesellt, in die der Marquis verliebt ist. Das Buch würde schließen mit der Unterhaltung zwischen dem Erzähler und seiner Mutter über Sainte-Beuve und andere Schriftsteller.»[48]

Wohl im Lauf des Jahres 1909 gewinnt Proust Klarheit darüber, dass sich der literarische Essay und das Romanprojekt nicht miteinander vereinbaren lassen. Immer zahlreicher werden die Figuren und die Episoden, und schließlich erlaubt ihm die Entdeckung der zunächst *organisch*, dann *unwillkürlich* genannten Erinnerung (*mémoire involontaire*), die ästhetische Theorie mit den momentanen Impressionen sowie den unterschiedlichen Dimensionen der Zeit zu verknüpfen. Die Erfindung fiktiver Maler, Schriftsteller und Komponisten ist ein weiteres Element, das die konkrete Exemplifizierung ästhetischer Prinzipien ermöglicht.

Hinzu kommt offenbar Prousts Erkenntnis, dass die Auseinandersetzung mit den vorherrschenden Konzeptionen des 19. Jahrhunderts allein nicht mehr genügen kann, wenn überzeugende künstlerische Lösungen für die Gegenwart gefunden werden sollen. Proust ist zeit seines Lebens ein aufmerksamer Beobachter der allerneuesten Entwicklungen in den Künsten, ohne sich ihnen unkritisch anzuschließen. Zu den Malern, die ihn in besonderer Weise faszinieren, zählt ohne Zweifel Claude Monet. Schon die Serie der Kathedrale von Rouen hat sein Interesse geweckt, nun ist es die erste Folge der «Nymphéas» («Seerosen»), die im Mai 1909 in der Galerie Durand-Ruel ausgestellt wird. Für die Musik leistet Claude Debussy, dessen Oper «Pelléas et Mélisande» (1911) Proust begeistert, Ähnliches, indem er die traditionellen musikalischen Formen gleichsam verflüssigt. Einen ganz besonderen Eindruck wird bei Proust jedoch die Aufführung von Igor Strawinskys «Le sacre du printemps» (1913) durch das Ballet russe hinterlassen.

Die Seerosen. Gemälde von Claude Monet, 1904.
Der impressionistische Malstil diente Proust als Vorbild für
seine Schreibweise. Denver Art Museum, Helen Dill Fund

Mit dieser Komposition kehrt die Musik zu gleichsam barbarischen Ausdrucksformen zurück.

Wenn Proust im Herbst des Jahres 1909 das Sainte-Beuve-Projekt fallen lässt, ohne es jemals wieder aufzunehmen, so bedeutet dies nicht wie nach dem Scheitern von *Jean Santeuil*, dass er nun die Arbeit an seinem Opus magnum schlechthin aufgibt. Im Gegenteil: Trotz immer wieder auftretender gesundheitlicher Probleme macht sein Roman relativ schnell Fortschritte. Über den Stand seiner Arbeit im Jahr 1910 ist wenig bekannt, doch für das folgende Jahr wissen wir aus seinen Heften, dass die ersten Kapitel *Combray*, *Un amour de Swann* (*Eine Liebe von Swann*) und *Noms de pays* (*Ortsnamen – Namen überhaupt*) praktisch beendet sind. Zudem taucht eine erste Version von *Le côté de Guermantes* (*Guermantes*) auf. Es erscheinen Fragmente des später *La prisonnière* (*Die Gefangene*) betitelten Teils sowie die Szene des *Bal de têtes* (*Maskenball*), die schließlich in den letzten Band eingehen wird. Proust plant offensichtlich ein zweiteiliges Werk mit den Titeln *Le temps perdu* und *Le temps retrouvé.* In einem Brief an Madame Straus vom Oktober 1912 ist dann von drei Bänden die Rede [49], wobei der mittlere noch keinen Namen trägt. Kurz darauf nennt er ihn *L'adoration perpétuelle* (*Ewige Anbetung*), und als Titel für den gesamten Roman gibt er *Les intermittences du cœur* [50] an.

Seit Ende Juni 1912 liegt eine maschinenschriftliche Version des ersten Teils vor. Doch nun beginnt die Suche nach einem Verleger. Proust denkt zunächst an Fasquelle, und Gaston Calmette, der Direktor des «Figaro» hat zugesagt, sich für die Publikation einzusetzen. Doch im Dezember 1912 lehnt der Verlag ab. In einer Stellungnahme zum Manuskript heißt es: «Am Ende von 712 Seiten hat man keine Vorstellung davon, worum es sich handelt. [...] Was bedeutet das alles? Wohin soll das alles führen? – Unmöglich, etwas darüber zu wissen! Unmöglich, etwas darüber zu sagen!» [51] Auch «La Nouvelle Revue Française», zu deren Herausgebern André Gide zählt, weist das Manuskript zurück. Einer ihrer Redakteure nennt das Buch «schlecht komponiert, schlecht geschrieben» [52]. Gide wird seine Mitverantwortung an diesem Entschluss bald als einen der größten Fehler seines Lebens bezeichnen. Nun unternimmt Proust einen Versuch beim Verlag Ollendorf, doch auch hier lehnt man die Publikation ab. Der Chef des Hauses, Alfred Humblot, schreibt in einem Brief: «Ich kann nicht verstehen, dass ein Herr 30 Seiten darauf verwendet zu beschreiben, wie er sich in seinem Bette hin und her wälzt, bevor er einschläft.» [53]

Schließlich wendet sich Proust im Februar 1913 an den Verleger Bernard Grasset, der die Klassiker des 19. Jahrhunderts herausgibt, aber auch zeitgenössische Autoren wie Jean Giraudoux in seinem Programm führt. Proust erklärt sich bereit, sein Werk auf eigene Kosten drucken zu lassen, noch spricht er von zwei Teilen. Mitte Mai 1913 erscheint in einem Brief an Grasset zum ersten Mal der Obertitel *A la recherche du temps perdu* (*Auf der Suche nach der verlorenen Zeit*) [54]. Der nun zu publizierende erste Teil wird *Du côté de chez Swann* (*Unterwegs zu Swann*) heißen, der zweite Band *Le côté de Guermantes* (er wird letztlich *A l'ombre des jeunes filles en fleur* [*Im Schatten junger Mädchenblüte*] betitelt sein). Prousts Methode führt, während er die Fahnen korrigiert, zu Textänderungen und -erweiterungen, die befürchten lassen, der erste Band werde den vereinbarten Umfang weit überschreiten. So sieht er sich veranlasst, die Schlussepisode abzutrennen und für den zweiten Band aufzuheben. Dank einer vom Autor selbst initiierten klugen Werbekampagne in den wichtigsten Zeitschriften und Zeitungen erhöht der Verleger die erste Auflage von 1250 auf 1750 Exemplare, sie erscheint im November 1913. Bis Ende April 1914 gibt es vier weitere Auflagen, die zweite und dritte belaufen sich jedoch nur auf jeweils 500 Exemplare. Insgesamt verkauft Grasset 3300 Stück. Die Aufnahme des Werks in den Feuilletons ist gespalten. Insgesamt lässt sich feststellen, dass die zeitgenössische Kritik die bahnbrechende Bedeutung des Romans nicht erkennt.[55] Allerdings – und dies mag als Begründung dienen – sind nach der Lektüre des ersten Bandes die Konturen des Gesamtwerks noch kaum wahrzunehmen.

Zu der Zeit, als Proust sich verzweifelt und fast schon vergeblich um einen Verleger bemüht und große Anstrengungen darauf verwendet, seinem Buch eine günstige Aufnahme zu verschaffen, erfährt er in seiner privaten Existenz eine seiner größten Niederlagen. Es ist die traurige Geschichte seiner intimen Beziehung zu einem jungen Mann namens Alfred Agostinelli. Er hat ihn während seiner Sommeraufenthalte in Cabourg kennen gelernt und sich von ihm im Automobil durch die Landschaft der Normandie fahren lassen. Beide verbindet offensichtlich dieselbe Begeisterung für neue Formen der Fortbewegung. Proust, der in Paris einen gewissen Odilon Albaret als Fahrer beschäftigt, wird eines Tages von Agostinelli und dessen Lebensgefährtin aufgesucht und mit der Bitte konfrontiert, beide als Bedienstete einzustellen. Mit diesem Tage beginnt eine unglückliche Beziehung. Proust verliebt sich in den jungen Mann und zeigt sich bereit, sehr viel für ihn zu opfern, vor allem finanzielle Mittel, und Agostinelli versteht es, diese Situation skrupellos auszunutzen. Eines Tages verschwindet er aus Paris und kehrt in seine Heimatstadt Monaco zurück. Proust schickt ihm seinen Hausdiener Nicolas Cottin nach mit dem Auf-

Odilon Albaret (?) und Alfred Agostinelli. Proust liebt die modernen Fortbewegungsmittel Eisenbahn und Auto, weil sie die Wahrnehmung verändern und die Dinge aus schnell wechselnden Perspektiven zeigen.

trag, Agostinelli mit allen Mitteln nach Paris zurückzubringen. Obwohl Proust ihm eine Ausbildung zum Flugpiloten finanziert, kehrt er nicht in die Hauptstadt zurück. Am 30. April 1914 trifft bei Proust die Nachricht ein, dass Agostinelli vor Antibes mit seiner Maschine ins Meer gestürzt ist. Proust hat erhebliche Schwierigkeiten, diesen Verlust zu verarbeiten. Manche Biographen haben diese tragische Liebesgeschichte in der Beziehung zwischen dem Erzähler der *Recherche* und Albertine wiederfinden wollen. Eine solche simple Gleichsetzung des realen Erlebens und der Romanfiktion erscheint eher fragwürdig. Unleugbar ist jedoch, dass in dieser Zeit die Albertine-Episode immer größere Ausmaße annimmt und zu einem Schwerpunkt der *Recherche* wird.

Auch in anderen Lebensbereichen macht Proust in dieser Zeit negative Erfahrungen. Dazu zählen die finanziellen Verluste, die ihm einige Börsenspekulationen einbringen. Offensichtlich zeigt er auf diesem Terrain eine gewisse Spielermentalität, denn er hätte es durchaus nicht nötig, sein Kapital durch waghalsige Manipulationen zu vermehren. Aufgrund seiner Erbschaft verfügt er über eine Geldsumme von etwa fünf Millionen Euro in heutiger Währung, über etwa zwei Millionen Euro in Immobilienwerten, sein monatliches Zinseinkommen beläuft sich auf etwa 12 000 Euro.[56] Während seiner Sommeraufenthalte in Cabourg 1910 und 1911 verspielt er erhebliche Summen beim Baccara im Kasino des Badeortes. Doch mehr noch reizt ihn das Termingeschäft an der Börse. Durch den Kauf von Aktien der Missouri-Pacific-Railway-Company verliert er 80 000 Francs (in Goldwährung, also etwa 250 000 Euro). Als Finanzberater tritt ihm nun ein Neffe zur Seite, Lionel Hauser, der Pariser Repräsentant der Hamburger Warburg-Bank. Doch Proust spekuliert weiter, was dazu führt, dass er bei der Bank Crédit Industriel 40 000 Francs Schulden hat, als der Krieg ausbricht. Im selben Jahr veräußert er seine sicheren Aktien der Royal Dutch und investiert wieder mit Verlusten in Papiere der Erdölgesellschaft des Kaukasus und des Ural. Zugleich ist er zu generösen Geschenken bereit, wohl zu dem Zweck, Menschen an sich zu binden. Die Einstellung des internationalen Zahlungsverkehrs im August 1914 bedeutet für ihn in finanzieller Hinsicht einen Glücksfall, da damit auch seine Verbindlichkeiten im Ausland wegfallen.

# Der Große Krieg

«Nach Berlin! Nach Berlin!» Diesen Ruf kann man auf den Pariser Straßen und Bahnhöfen im Sommer 1914 immer häufiger hören. Die Begeisterung für den Waffengang und die Hoffnung auf einen schnellen Sieg scheinen von breiten Bevölkerungsschichten Besitz zu ergreifen. Endlich, so meint man, kann die Schande von 1870 getilgt und Elsass-Lothringen in die Republik heimgeholt werden. Entsprechend jedoch tönt es von jenseits des Rheins herüber: «Nach Paris! Nach Paris!» Nun soll dem «Erbfeind» die vernichtende Niederlage zugefügt werden. Wie ist es möglich, so möchte man heute fragen, dass sich das fortschrittliche Europa, in dem demokratisches und wissenschaftliches Denken zusehends Raum gewinnt, in einen solchen Kriegstaumel stürzt?

Marcel Proust zählt zu den besonneneren Geistern, die zwar keine bedingungslosen Pazifisten sind, dem nationalistischen Wahn jedoch ablehnend gegenüberstehen. Wie viele Gleichgesinnte setzt er auf das Prestige eines Jean Jaurès, dem man zutraut, er könne aufgrund seiner Beziehungen zur Sozialistischen Internationale im Sinn der Erhaltung des Friedens Einfluss nehmen. Doch Jaurès wird am 31. Juli 1914 von einem Nationalisten ermordet, und die französischen Sozialisten zeigen sich enttäuscht von den deutschen Sozialdemokraten, deren Mehrheit sich der kaiserlichen Kriegspolitik unterwirft. So entsteht in Frankreich das republikanische Pendant zum wilhelminischen «Ich kenne keine Parteien mehr, ich kenne nur noch Deutsche», die «Union sacrée», die Heilige Allianz aller Parteien unter der Führung von Politikern wie Georges Clemenceau. Freilich bleibt die pazifistische Tendenz in Teilen der Sozialistischen Partei und vor allem in der Gewerkschaftsbewegung präsent.

Die große Kriegs- und Siegeseuphorie ist allerdings schon Anfang September verflogen; die deutschen Truppen haben inzwischen Senlis erreicht und stehen nun vierzig Kilometer vor den Toren der Metropole. Hunderttausende verlassen die Stadt, vor allem Bewohner der «beaux quartiers», der vornehmen Viertel.

Denn ein Gespenst kehrt wieder, das Gespenst der Commune. Die Angst geht um, das
Volk von Paris könne sich wie
1871 angesichts der drohen-
den Niederlage gegen seine
eigene Regierung erheben, die
nun ins sichere Bordeaux ausweicht, und anstatt gegen den
Feind gegen die eigenen Herren kämpfen.

Auch Proust verlässt im
August Paris, allerdings nur,
um wie gewohnt den Sommer
in Cabourg zu verbringen, begleitet von seiner Hausdienerin und mit Koffern voller Manuskripte im Gepäck. Doch
der Krieg hat sein geliebtes
Grand Hôtel schon verändert:
Dort trifft er nur noch auf Soldaten, und bald wird es in ein
Hospital für Verwundete um-

Georges Clemenceau,
genannt «Der Tiger», Minister und Regierungschef der
III. Republik, berühmt für
seinen kompromisslosen
Führungsstil. Foto von 1906

gewandelt. So kehrt er nach Paris zurück und richtet sich in der
Normalität des Kriegs ein, wie große Teile Frankreichs auch, die
vom Kriegsgeschehen nur wenig zu spüren bekommen. An der
Front, die quer durch den Norden des Landes führt, beginnt nun jener Stellungs- und Abnutzungskrieg, der noch Jahre dauern und
über zwei Millionen Soldaten den Tod bringen wird.

Proust verfolgt die Kriegsereignisse mit Interesse und Anteil-
nahme. Gewiss, er befürchtet trotz seiner gesundheitlichen Verfassung zur Truppe eingezogen zu werden und setzt alle Mittel
ein, um für untauglich erklärt zu werden. Er sorgt sich um das Leben von Freunden wie Reynaldo Hahn und kümmert sich um die
Hinterbliebenen ehemaliger Bediensteter. Bald muss er auch um
den Verlust eines langjährigen Freundes trauern: Bertrand de Fénelon fällt in der Flandern-Schlacht. Proust informiert sich umfas-
send, liest täglich mehrere Zeitungen, wohl wissend, dass keine

## Erster Weltkrieg (1914–18)

1914  3. 8. Kriegserklärung des Deutschen
Reiches an Frankreich
September: Schlacht an der Marne
1915  Stellungskrieg und Winterschlacht
in der Champagne
1916  Februar: Deutscher Angriff auf
Verdun. Es fallen 335 000 Deutsche,
360 000 Franzosen.
Juni–November: Schlacht an der Somme.
Es fallen 400 000 Deutsche, 200 000
Franzosen, 400 000 Engländer.
1917  März: Russische Revolution
April: Kriegserklärung der USA an
Deutschland
Juli: Friedensresolution der Mehrheit
im Deutschen Reichstag
Juli–November: Schlacht in Flandern
1918  Nach dem Waffenstillstand an
der Ostfront deutsche Offensive im
Westen. US-Präsident Wilson verkündet seinen 14-Punkte-Plan (Selbst-
bestimmungsrecht der Völker).
Juli: Alliierte Gegenoffensive in Nord-
frankreich
November: Waffenstillstandsverhand-
lungen in Compiègne. Revolution
in Berlin, Wilhelm II. dankt ab.
1919  Friedensvertrag von Versailles.
Elsass-Lothringen wird an Frankreich
abgetreten.

von ihnen die volle Wahr-
heit schreibt, denn eine
strenge Zensur schränkt die
Berichterstattung erheb-
lich ein. Er beschäftigt sich
gar mit den Grundprinzi-
pien der militärischen Strategie, um verstehen zu können, was an der Front ge-
schieht. Doch nie lässt er
sich von jenem Chauvi-
nismus anstecken, der nun
in Mode kommt. Er relati-
viert die angeblichen Gräu-
eltaten der deutschen Ar-
mee, er widerspricht den
heroisch-patriotischen Er-
güssen, wie sie in den Werken Léon Daudets und
Robert de Montesquious zu
finden sind. Ähnlich wie
Victor Hugo ein halbes
Jahrhundert zuvor ist auch
er der Meinung, dass die Zukunft Europas nur auf der
Basis einer Entente zwi-
schen Frankreich und Deutschland gesichert werden kann. Und
vor allem weiß er zwischen momentaner Feindschaft und historisch gewachsenen kulturellen Beziehungen zu unterscheiden.
Obwohl er die geschichtsoptimistische Sichtweise eines Romain
Rolland nicht teilt, wie dieser sie in seinem «Au-dessus de la
mêlée» («Jenseits des Getümmels», 1916) zum Ausdruck bringt,
kennzeichnet dieser Titel durchaus auch seine Haltung. Später,
im Jahr 1918, wählt er eine eigenartige Formulierung, um seine
Position zu beschreiben: *Er [der Krieg] ist für mich weniger ein Gegenstand (im philosophischen Sinne) als eine Substanz, die zwischen mich
und die Gegenstände tritt. Wie man in Gott lebte, so lebe ich im Krieg.*[57]
Der Krieg ist der Zusammenhang, der alle seine Erlebnisse und

Solidarität der Opfer? Verwundete deutsche und französische Soldaten an der Westfront. Foto, um 1915

Erfahrungen bestimmt. Dies gilt jedoch nicht allein für seine private Existenz, sondern ebenso für sein künstlerisches Schaffen. Die Kriegsjahre sind nicht nur eine äußerst produktive Zeit, sie erlauben ihm auch, eine ganz neue Dimension in seine Konstruktion der Zeit einzuführen.

Als Glücksfall für seine alltägliche Existenz wie für sein literarisches Schaffen erweist sich seine neue Hausangestellte Céleste Albaret, die Ehefrau seines Fahrers, die im Herbst 1913 in seine Dienste tritt. Sie entstammt einem bäuerlichen Milieu aus dem Ort Auxillac-La Canourgue im Departement Lozère. Obwohl ungebildet, verfügt sie über eine erstaunliche Fähigkeit, sich in die komplexe und widersprüchliche Persönlichkeit Prousts, in seine Eigenarten und Launen nahezu perfekt hineinzuversetzen. Sie passt sich problemlos seinem Tagesrhythmus an, seinem «verkehrten» Leben, wie sie selbst sagt, wenngleich sie schon seit ihrer Kindheit daran gewöhnt ist, mit den Hühnern schlafen zu gehen und mit den Hähnen aufzustehen. In ihren Erinnerungen (1973) entwirft sie ein anschauliches, vielleicht aber auch idyllisches

Bild ihres Zusammenlebens mit Proust, das fast neun Jahre lang gedauert hat. Als sie zum ersten Mal sein Zimmer betritt, bietet sich ihr folgende Szene dar: «Drinnen war ein Rauch, den man mit dem Messer hätte schneiden können, unglaublich. Obwohl Nicolas [der Hausdiener] mich im Voraus davon in Kenntnis gesetzt hatte, dass Monsieur Proust manchmal nach dem Aufstehen Räucherpulver verbrannte, weil er ganz furchtbar an Asthma litt, auf diese Wolke war ich nicht gefasst. Das Zimmer war geräumig und trotzdem war es voll von dichtem Rauch. Es brannte nur eine kleine Nachttischlampe, die aufgrund ihres Schirms lediglich ein schwaches grünes Licht gab. [...] Von Monsieur Proust erkannte ich nur ein weißes Hemd unter einem dicken Pullover und den Oberkörper, der auf zwei Kopfkissen ruhte. Das Gesicht verlor sich in der Dunkelheit und im Nebel des Rauchs, es war völlig unsichtbar bis auf die Augen, die mich anblickten – ich fühlte sie mehr, als dass ich sie sah.»[58] Proust ist der Ansicht, nur diese *fumigations*, wie er das Inhalieren des Rauchs nennt, seien geeignet, sein Asthma zu lindern. Wenn man bedenkt, dass er eine panische Phobie vor Zugluft, Licht, Staub und Düften aller Art hat – Blumen sind kategorisch verboten –, dann ist leicht nachvollziehbar, dass die Schilderung Célestes der Realität entspricht. Proust arbeitet in der Regel nachts, stets fröstelnd im Halbdunkel eines mal überheizten, mal unterkühlten Zimmers, das gegen alle Geräusche von außen durch verkorkte Wände abgedichtet ist, im Bett sitzend, umgeben von Manuskripten, Stößen von Büchern und Zeitschriften.

Doch Céleste Albaret erkennt auch, dass er seine Krankheit als Mittel benutzt, nun vorwiegend, um sich von der Außenwelt abzuschirmen, damit er sein Werk vollenden kann. Er führt immer mehr das Leben eines Einsiedlers, wie sie meint, und eine ihrer Aufgaben sieht sie darin, ihm das Gefühl zu geben, er lebe in einer Arche, in einem geschützten Reduit. Sie übernimmt damit in gewisser Weise die Rolle seiner Mutter; und auch diesmal wird nicht deutlich, wer in der Beziehung den Part des Herrschenden und wer den des Beherrschten übernimmt. Proust hat zu Céleste ein Vertrauensverhältnis, wie er es vielleicht zu keiner anderen Person jemals gehabt hat. Er nimmt Anteil an allem, was in ihrem Leben wichtig ist, interessiert sich für ihre Herkunft und bemüht sich, ihre Kenntnisse zu vertiefen, will sogar ein Buch über sie schrei-

ben, verspricht ihrem Ehemann, für sie zu sorgen, falls
er im Krieg umkommen sollte. Fast wie eine Art Vater
verhält er sich gegenüber der
um zwanzig Jahre Jüngeren.
Proust habe nur zwei Men-
schen geliebt, seine Mutter
und Céleste, soll sein Freund
Antoine de Bibesco einmal
gesagt haben.[59] Céleste entwickelt einen erstaunlich
sicheren literarischen Geschmack, und so kann es
nicht verwundern, dass sie
auch Prousts Mitarbeiterin
wird. Er diktiert ihr seine
Texte, sie kopiert und kolla-
giert, sie erfindet die berühmten «paperoles», jene
zusammengeklebten Manu-
skriptseiten von bis zu ei-

Céleste Albaret, ab 1913
Prousts Hausangestellte,
Privatsekretärin und Vertraute

nem Meter Breite, die es Proust erlauben, auch seine überborden-
den Textergänzungen noch auf derselben Seite unterzubringen.
Und vor allem ermutigt sie ihn immer wieder, fortzufahren und
sein Werk zu vollenden.[60]

Manche Proust-Biographen widersprechen diesem Bild vom
Einsiedlerdasein, wie Céleste Albaret es entworfen hat. Es mag
sein, dass Proust zu seiner Umwelt, insbesondere zum mondänen
Leben größere Distanz hält als je zuvor, doch dies ist wohl die unabdingbare Voraussetzung für ein intensiveres literarisches Schaffen. Denn er fühlt in diesen Jahren, dass seine Kraft abnimmt und
seine Zeit zu Ende geht. Dies bedeutet jedoch keineswegs, dass er
ein gleichsam mönchisches Leben führt. Gewiss diniert er nicht
jeden zweiten Tag im Hotel Ritz, aber dass er sich ständiges Fasten
auferlegt, im Wesentlichen von Kaffee und Croissants lebt, wie
Céleste unterstellt, dürfte kaum wahrscheinlich sein. Auch ist
sein Appartement durchaus keine Mönchsklause, er empfängt

vielmehr Freunde und Bekannte, knüpft neue Kontakte, etwa zu dem Schriftsteller und Diplomaten Paul Morand, der durch seine Reisebilder berühmt geworden ist, oder zu André Gide, der nach seinem großen Irrtum um Prousts Freundschaft wirbt. Er macht gar sein Appartement zur Bühne, wenn es sein muss. Als er das Bedürfnis verspürt, das Streichquartett von César Franck oder die späten Quartette von Beethoven zu hören, lädt er kurzerhand das Poulet- bzw. das Capet-Quartett in seine Wohnung ein. Intensiven Kontakt pflegt er auch zu einer neuen Freundin, der rumänisch-griechischen Fürstin Hélène Soutzo, die er regelmäßig im Hotel Ritz besucht.

Verborgen bleibt Céleste eine andere Seite seiner Existenz, seine homoerotischen Abenteuer. Er ist keineswegs ausschließlich mit seinem Werk verheiratet, wie sie darzustellen versucht. Einmal mehr macht er sich abhängig von einem jungen Mann zweifelhaften Charakters – er heißt Henri Rochet –, der ihn nicht anders als zuvor Agostinelli finanziell mehr oder weniger erpresst. Zu mancherlei Spekulationen aber gibt vor allem seine Beziehung zu einem gewissen Albert Le Cuziat Anlass. Aus Tréguier in der Bretagne stammend, ist er zunächst Hausdiener beim Fürsten Radziwill, später wird er Besitzer mehrerer Privatbäder, schließlich kauft er das Hotel Marigny, das bald im Ruf steht, ein Männerbordell zu sein. Proust soll ihm Geldmittel für den Erwerb des Etablissements zur Verfügung gestellt haben, sicher ist aber nur, dass er ihm Mobiliar aus seinem eigenen Erbe überlassen hat. Fünf- oder sechsmal dürfte Proust das Hotel besucht haben. Céleste Albaret berichtet, dass er ihr eine sadomasochistische Geißelungsszene geschildert habe, die er durch ein Fenster in der Wand beobachten konnte. Er habe gleichsam nur als unbeteiligter Beobachter registriert, was man nicht erfinden könne – nicht einmal als Schriftsteller –, und das gerade deswegen Aufschluss gebe über die menschliche Natur.[61] Henri Bonnet rückt in seinem Buch «Les amours et la sexualité de Marcel Proust» (1985) diese Besuche in ein ganz anderes Licht, nachdem er das Notizbuch des Schriftstellers Marcel Jouhandeau entdeckt hat. Dieser freilich beruft sich wiederum auf die Aussagen eines jungen Mannes, der Proust gekannt haben will. So erscheint Proust als ein Masochist, den nur extreme Mittel sexuell zu erregen vermochten.[62]

Ähnliches lässt sich aus André Gides Tagebuch ablesen[63], und schon George D. Painter hat sich nicht gescheut, aus diesen verstreuten Aussagen eine umfassende Theorie der sexuellen Perversion Prousts zu entwickeln. Ist es jedoch literarhistorisch nicht viel wichtiger und interessanter herauszufinden, wie der Romancier Gesehenes oder Erlebtes in seiner Fiktion gestaltet? In diesem Sinn erscheint es weniger als Entschuldigung denn als ästhetisches Credo, wenn Proust gegenüber Céleste bekennt: *Aber ich kann die Dinge doch nur beschreiben, wie sie sind. Und deswegen muss ich sie sehen.*[64] Le Cuziats Etablissement verwandelt sich in Jupiens *Tempel der Schamlosigkeit* (*Die wiedergefundene Zeit*), und der Held der entsprechenden Szene heißt Baron de Charlus. Diese romaneske Transposition wäre aber undenkbar ohne die Erfahrung des Kriegs, der eine Umwertung aller Werte zur Folge hat.

Und dieser Krieg, er scheint nicht enden zu wollen. Nach dem verlustreichen Sieg bei Verdun 1916 folgt die Katastrophe vom Chemin des Dames im nächsten Jahr. 40 000 französische Soldaten fallen, 80 000 werden verwundet. Die Frontsoldaten, «poilus» genannt, sind des Kriegs müde, nur eine eiserne Disziplin vermag sie noch zu zwingen, ihre Stellungen zu halten. Befehlsverweigerungen sind an der Tagesordnung. Im Juni 1917 meutern dreißig- bis vierzigtausend Soldaten. Die Repression der Kriegsgerichte ist unerbittlich: 3427 Urteile werden gefällt, davon 554 Todesurteile, von denen allerdings nur 49 vollstreckt werden.[65] In Paris und zahlreichen anderen Städten häufen sich die Streiks von Arbeitern. Zwar ist die sozialistische Bewegung nach wie vor gespalten, eine Minderheit jedoch befürwortet den «weißen Frieden», eine bedingungslose Beendigung der Feindseligkeiten. Manche mögen sogar glauben, nach dem Vorbild der russischen Revolution könne es auch in Frankreich zu einer politischen und gesellschaftlichen Umwälzung kommen.

Die französische Metropole wird im Jahr 1917 wiederum Opfer heftiger Luftangriffe der Deutschen. Wie der Gaskrieg an der Front, so markieren diese Bombardements eine neue Phase in der Geschichte der Kriegsführung mit den Vernichtungswaffen, die die moderne Technik entwickelt hat. Auch wenn Proust jegliche Glorifizierung fremd ist, so kann er sich gleichwohl nicht völlig der Faszination entziehen, die das nächtliche Schau-

Zerstörtes Wohnhaus in Paris nach dem Angriff durch deutsche Zeppeline am 29. Januar 1916. Das ist der Beginn des modernen Luftkriegs, der die Zivilbevölkerung in besonderem Maße trifft.

spiel am Pariser Himmel bietet, wenn Scheinwerfer die Flugzeuge ins Visier nehmen. Er teilt diese ästhetisierende Wahrnehmung des modernen Kriegs mit nicht wenigen Künstlern seiner Zeit wie Guillaume Apollinaire oder den italienischen Futuristen.

Im Lauf des Jahres 1918 wendet sich das Kriegsglück zugunsten der Alliierten. Am 11. November läuten die Kirchen des Landes das Inkrafttreten des Waffenstillstands ein. Clemenceau erklärt in der Nationalversammlung: «In dieser furchtbaren, großen und wunderbaren Stunde ist meine Pflicht erfüllt. Ehre unseren großen Toten, die uns diesen Sieg bereitet haben.»[66] Proust schreibt an Madame Straus: *Welch wunderbares Allegro presto in diesem Finale nach den endlosen Verzögerungen des Beginns und der ganzen Folge. Was für ein Dramaturg ist doch das Schicksal oder der Mensch als sein Instrument.*[67] Ein Wort der Trauer sei freilich in dieser Stunde den geliebten Menschen geschuldet, die nicht mehr Zeugen des Sieges sein könnten. Auch im Augenblick des Triumphs empfindet er keinerlei Hass gegenüber den Deutschen. Freilich befürwortet er wie die meisten Franzosen eine harte Linie gegenüber den Besiegten («L'Allemagne payera»), und er steht dem versöhnlichen Programm des US-Präsidenten Woodrow Wilson eher skeptisch gegenüber.

Der Sieg Frankreichs ist teuer erkauft. Ein bisher nicht vorstellbarer Verlust an Menschen ist sein Preis: 1,3 Millionen tote Frontsoldaten, 1,1 Millionen Verwundete, in der Regel lebenslang Invaliden. Auch unter der Zivilbevölkerung ist die Zahl der Opfer

immens. Hinzu kommen die wirtschaftlichen Schäden; der Franc erleidet einen Wertverlust wie nie zuvor in seiner Geschichte. «La Grande Guerre», wie der Erste Weltkrieg in Frankreich heißt, ist im kollektiven Gedächtnis heute noch ebenso gegenwärtig wie der Zweite Weltkrieg als eine Zeit des Leidens, aber auch als eine Zeit der großen gemeinsamen und schließlich erfolgreichen Anstrengung. So erklärt es sich, dass er auch nicht im entferntesten jene politische und gesellschaftliche Erschütterung zur Folge hat wie in Deutschland. Die Republik als Institution sieht sich gestärkt, und die gesellschaftlichen Verhältnisse bleiben stabil.

Vielleicht aber vollziehen sich die Veränderungen unter der unbewegt erscheinenden gesellschaftlichen Oberfläche in der Mentalität der Franzosen. Darüber können Kunst und Literatur den besten Aufschluss geben. Das Ende des Weltkriegs markiert den historischen Aufschwung der großen künstlerischen Avantgarde-Bewegungen. In Frankreich ist es der Surrealismus, der eine umfassende Kulturrevolution im Rahmen politischer Umwälzungen propagiert.

# Später Ruhm und die Vollendung des nicht zu Vollendenden

Das erste Nachkriegsjahr bringt Proust endlich einen gewissen Erfolg und vor allem die Anerkennung der literarischen Öffentlichkeit. Drei Werke erscheinen im Frühjahr 1919: *Pastiches et mélanges* (*Nachgeahmtes und Vermischtes*), eine Sammlung, die im Wesentlichen ältere Texte enthält, sodann eine Neuauflage von *Du côté de chez Swann* (*Unterwegs zu Swann*) und schließlich *A l'ombre des jeunes filles en fleurs* (*Im Schatten junger Mädchenblüte*), der zweite Teil der *Recherche*. Der Verleger ist nun Gallimard. Schon seit 1914 hat sich Gide darum bemüht, Proust doch noch für die «Nouvelle Revue Française» (NRF) zu gewinnen, aber auch Grasset versucht, ihn langfristig an seinen Verlag zu binden, muss aber letztlich angesichts der deutlichen Präferenz auf Seiten Prousts nachgeben. Mit dem neuen Chefredakteur der NRF, Jacques Rivière, hat Proust einen kompetenten Herausgeber gefunden, der die Bedeutung seines Werks erkannt hat und bereit ist, jederzeit für ihn einzutreten.

Die Reaktion der Kritik auf das neue Werk fällt eher verhalten aus. Dies ändert sich im Herbst 1919, als ihm der Prix Goncourt verliehen wird. Gegen den Erfolgsroman «Les croix de bois» («Die Holzkreuze») von Roland Dorgelès erhält *Im Schatten junger Mädchenblüte* das Mehrheitsvotum der Jury, wobei offensichtlich Léon Daudet eine nicht unwichtige Rolle gespielt hat. Von nun an ist Proust eine Persönlichkeit von öffentlichem Interesse. Er hegt gar die Hoffnung, bald in die Académie Française aufgenommen zu werden. Doch man bedeutet ihm, dass er in absehbarer Zeit keine Aussichten haben wird, weil andere vor ihm an der Reihe seien. Proust ahnt wohl, dass ihm diese konservative Institution für immer verschlossen bleiben wird, wenn erst sein ganzer Roman (mit der Thematisierung der Homosexualität) veröffentlicht ist. Als er schließlich zum Ritter der Ehrenlegion ernannt wird, empfindet er dies durchaus nicht als eine angemessene Kompensation.

Die öffentliche Anerkennung bringt Proust auch neue Freunde. Zu ihnen zählen junge Schriftsteller, unter ihnen Jean Girau-

Le commandant Abert doit interroger, cet après-midi, Mme Bernain de Ravisi.

## Le prix Goncourt

L'Académie Goncourt s'est réunie aujourd'hui sous la présidence de M. Gustave Geffroy en un déjeuner au restaurant Drouant pour procéder à l'attribution de son prix annuel qui est, comme on sait, de cinq mille francs.

Étaient présents, MM. Gustave Geffroy, Élémir Bourges, Léon Hennique, Rosny aîné, Rosny jeune, Léon Daudet, Henry Céard et Jean Ajalbert.

MM. Lucien Descaves et Émile Bergerat, absents, avaient, ainsi qu'il est d'usage à l'Académie Goncourt, voté par correspondance.

Au troisième tour, le prix Goncourt a été attribué à M. Marcel Proust, auteur de *A l'ombre des jeunes filles en fleurs*, par 6 voix contre 4 à M. Roland Dargelès, auteur de *les Croix de bois*.

Aux deux premiers tours, avaient eu des voix, dans l'ordre suivant : MM. Alexandre Arnoux, auteur de *le Cabaret;* Adès et Josipovici, auteurs de *Goha le Simple,* et Marcel Martinet, auteur de *la Maison à l'abri.*

## Le travail et les salaires dans la marine fluviale

Für seinen Roman «Im Schatten junger Mädchenblüte» erhält Proust den Prix Goncourt, den wichtigsten Literaturpreis Frankreichs. Aus: «Le Temps», 59. Jg., Paris, 11. Dezember 1919

doux und François Mauriac. Gegenüber anderen wächst die Distanz, so etwa zu Anatole France, der lange Zeit sein väterlicher Freund und Förderer war. Auf wenig Verständnis trifft er in jenen Kreisen, die er so gern und intensiv frequentiert: im adligen Milieu. Er wisse, so Proust, dass weder Madame Greffulhe noch Madame de Chevigné seine Romane läsen, und falls sie dies täten, wären sie doch unfähig, sie zu verstehen. Bald kommt ein neues Spiel in Mode, das da lautet: Für welche Romanfigur habe ich Modell gestanden? Madame de Chevigné erkennt sich in der Herzogin Guermantes wieder, Louis d'Albuféra in Saint-Loup und Robert de Montesquiou zu seinem Entsetzen in Baron de Charlus. Proust sieht sich veranlasst, öffentlich dieser Suche nach Schlüsseln zu widersprechen und zu betonen, dass es für jede Figur zahlreiche und damit letztlich keinen Schlüssel gebe. Mögen seine adligen Bekanntschaften solchermaßen ihre ästhetische Inkompetenz dokumentieren, Proust hindert dies nicht daran, in ihren Kreisen neue Freunde zu suchen.

Sein Werk findet nun auch international Anerkennung. 1920 und 1921 erscheinen die ersten beiden Bände der *Recherche* in spanischer Übersetzung bei Calpe in Madrid. Ebenfalls 1920 publiziert die Zeitschrift «The Dial» in Chicago Auszüge aus *Guermantes*. Kontakte nach England knüpft der Schriftsteller Sydney Schiff, den Proust in Paris kennen gelernt hat. Er wird 1923 eine Art Dokumentarnovelle über die letzten Jahre Prousts unter dem Titel «Céleste» publizieren, 1932 eine Übersetzung von *Le temps retrouvé*. Bereits 1922 jedoch ist die erste englische Übersetzung *Swann's Way* erschienen. Ab Februar 1922 publiziert der deutsche Romanist Ernst Robert Curtius, der in brieflichem Kontakt mit dem Autor steht, im «Neuen Merkur» seine erste Artikelserie über die *Recherche*.

Proust nimmt nach wie vor intensiv am gesellschaftlichen Leben teil, und dies scheint von Vorteil zu sein für die Entwicklung seines Werks. Er besucht die Uraufführung von Strawinskys «Renard» und Darius Milhauds «Le bœuf sur le toit» (beide 1922), trifft mit den Komponisten zusammen, aber auch mit Malern wie Pablo Picasso und in Paris lebenden Schriftstellern wie James Joyce. Als eine Reihe von französischen Autoren ein Manifest unter dem Titel «Pour un parti de l'intelligence» («Für eine Partei der Intelligenz») publiziert, in dem eine intellektuelle Föderation Europas und der Welt unter Führung Frankreichs gefordert wird, widerspricht Proust. Kein Land habe das Recht, in diesen Dingen eine Führungsrolle zu beanspruchen. Im Grund aber geht der Dissens tiefer: Er kann den Gedanken nicht akzeptieren, Kunst und Literatur in den Dienst politischer Ziele zu stellen. Wie die Wissenschaft könne auch die Kunst nur ihren eigenen Zwecken folgen.

Ohne diese ständige Auseinandersetzung mit den besten Köpfen seiner Zeit könnte sein Werk keine Fortschritte machen, andererseits jedoch weiß er, dass er auch Distanz braucht, um seinen Roman zu vollenden. Angesichts seines gesundheitlichen Zustands muss er jeden Arbeitstag seinem Körper abtrotzen. Erschwerend kommt 1919 hinzu, dass er seine «Arche» am Boulevard Haussmann verlassen muss, weil seine Tante, die Mitbesitzerin des Appartements ist, das Haus an eine Bank verkaufen will. Er entscheidet sich letztlich für eine Wohnung in der Rue Hamelin, die wesentlich kleiner ist als sein bisheriges Domizil. Sie wird bis zu seinem Tod ein Provisorium bleiben.

Proust ahnt, dass er nur noch kurze Zeit zu leben hat. Im Vorwort zu einer Novellensammlung von Paul Morand, am 15. November 1920 in «La Revue de Paris» publiziert, schreibt er: *Eine Fremde hat sich in meinem Gehirn eingerichtet. Ich war erstaunt zu sehen, dass sie nicht schön war. Ich hatte immer geglaubt, der Tod sei schön. Könnte er uns denn sonst bezwingen? Wie dem auch sei, er scheint sich heute entfernt zu haben. Nicht für lange wahrscheinlich […], und es wäre vernünftiger, den Aufschub zu nutzen, den er mir gewährt.*[68] Gleichwohl konzentriert er sich nicht allein auf die *Recherche*, er publiziert eine Reihe wichtiger Essays, zum Beispiel über den Stil Flauberts, über die Begriffe Klassik und Romantik sowie über Baudelaire, die zugleich Aufschluss über seine eigene Ästhetik geben. So bedeutet neuer Stil für ihn immer auch eine neue *vision du monde*, das

Proust einige Wochen vor seinem Tod

heißt eine neue Sichtweise – man könnte fast übersetzen «eine neue Vision» – der Welt, und die wahren Neuerer sind in seinem Verständnis immer die Klassiker. Natürlich bleibt sein wichtigstes Ziel die Vollendung seines Romans. Er begreift diese Aufgabe fast wie eine religiöse Bestimmung, der er seine Person und sein Leben zu opfern hat. *Il le faut* (*es muss sein*), so seine wiederholten Worte gegenüber Céleste.

Und dieses Werk ist, abgesehen von den bislang publizierten zwei Folgen, zum größten Teil noch längst nicht für den Druck reif. Seit dem Erscheinen des ersten Bands im Jahr 1913 ist es unaufhörlich angewachsen. Aus dem zunächst geplanten zweiteiligen Werk war schon 1913/14 ein dreiteiliges geworden. Durch die Einführung der Albertine-Episoden ergibt sich bald eine neue Aufteilung. *A l'ombre des jeunes filles en fleurs* (*Im Schatten junger Mädchenblüte*) tritt als selbständige Folge zwischen den ersten und den zweiten Band. Nach der Publikation von *Le côté de Guermantes I* (*Guermantes I*) im Oktober 1920 kündigt Proust den Band *Le côté de Guermantes II – Sodome et Gomorrhe I* (*Guermantes II – Sodom und Gomorra I*) an, der Anfang Mai 1921 erscheint. Als weitere Bände plant er *Sodome II, Sodome III, Sodome IV* und *Le temps retrouvé*. Nur der erste wird noch zu seinen Lebzei-

ten unter dem Titel *Sodome et Gomorrhe II* (*Sodom und Gomorra II*) publiziert (Anfang Mai 1922). Die Titel dokumentieren, dass im Lauf der Zeit das Thema der männlichen (Sodom) und der weiblichen Homosexualität (Gomorra) einen immer größeren Raum einnimmt. Es mag sein, dass er, um nicht den Eindruck zu erwecken, die Perspektive allzu sehr auf diese Problematik einzuschränken, schließlich die beiden letzten *Gomorrhe*-Bände *La prisonnière* (*Die Gefangene*) und *La fugitive* (*Die Flüchtige*) betitelt. Die Publikation der Novelle «La fugitive» von Rabindranath Tagore veranlasst ihn, auf den Titel *Albertine disparue* auszuweichen. Die Proust-Herausgeber haben sich zunächst wieder für *La fugitive* entschieden, um die innere Beziehung zum vorausgehenden Band deutlicher zum Ausdruck zu bringen. In seiner Edition hat sich Tadié dann wieder auf den Titel *Albertine disparue* festgelegt. Auch die letzte Folge (*Le temps retrouvé/Die wiedergefundene Zeit*) bleibt nicht unverändert. Der Autor fügt in den ersten Teil jene Kapitel ein, die die Erfahrung des Ersten Weltkriegs reflektieren.

Im Frühjahr 1922 überrascht Proust eines Morgens seine Haushälterin mit den Worten: *Wissen, Sie, Céleste, diese Nacht ist etwas Großes geschehen. [...] Es ist eine große Neuigkeit. In dieser Nacht habe ich das Wort Ende gesetzt. [...] Jetzt kann ich sterben.* Als Céleste Albaret ihn daran erinnert, dass noch Manuskripte zu korrigieren seien, stellt er fest: *Das, Céleste, ist etwas anderes. Das Wichtige ist, dass ich jetzt nicht mehr unruhig bin. Mein Werk kann erscheinen. Ich habe mein Leben nicht umsonst hingegeben.*[69] In der Tat hat er ein Werk vollendet, das nach seiner Auffassung prinzipiell nicht abzuschließen ist. Gegenüber Céleste, aber auch in *Le temps retrouvé*, benutzt er ein Bild, das heute in der Proust-Forschung als zentral gilt: *Sehen Sie, Céleste, ich möchte, dass mein Werk in der Literatur eine Kathedrale darstellt. Eben deswegen ist es nie beendet. Selbst wenn der Bau beendet ist, muss immer noch dies oder jenes als Schmuck hinzugefügt werden, ein Fenster, ein Kapitell, eine kleine Kapelle mit einer kleinen Statue in einer Ecke.*[70] Zu seinen Lebzeiten kommt er mit seiner Korrektur nur bis zur Seite 136 des Typoskripts von *La prisonnière*. Dieser Band wird postum erscheinen (1923), ebenso wie *Albertine disparue* (1925), allerdings in einer umstrittenen, weil von Robert Proust bearbeiteten Fassung, und schließlich *Le temps retrouvé* (1927).

Im Herbst 1922 verschlechtert sich Marcel Prousts Gesundheitszustand rapide. Nach dem Besuch einer Soiree beim Grafen Beaumont im Ritz zieht er sich eine Bronchitis zu, einen Monat später folgt eine Lungenentzündung. Sein Körper, nicht nur vom Asthma, sondern auch durch die ständige Einnahme von Schlaf-

und Aufputschmitteln geschwächt, leistet kaum noch Widerstand. Trotzdem arbeitet er bis zuletzt an seinem Roman und erteilt Céleste Aufträge, was mit seinen Manuskripten geschehen soll. Freunde, von denen er nun Abschied nehmen möchte, glauben ihm nicht, dass es zu Ende geht, allzu oft hat er seine Krankheit als Vorwand benutzt. Ärztliche Hilfe weist er zurück, selbst die seines Bruders; er gibt vor, beweisen zu wollen, dass sein Wille stärker ist als alle Medizin. Als seine Atemnot zunimmt, wird ihm gegen seinen Willen eine Injektion gegeben. In der Nacht vom 17. auf den 18. November beginnt seine Agonie. Zu Céleste sagt er: *Löschen Sie das Licht nicht, im Zimmer ist eine dicke Frau in Schwarz, entsetzlich … Ich möchte klar sehen.*[71] Am Nachmittag des folgenden Tags stirbt er. Als Céleste ihm nach altem Brauch die Hände falten will, widerspricht ihr sein Bruder: «Nein, Céleste, er ist bei der Arbeit gestorben. Lassen wir also seine Hände ausgestreckt.»[72] Marcel hat darum gebeten, der Abbé Mugnier, in Künstlerkreisen und in den Salons der Zeit ein häufiger Gast, möge an seinem Sterbebett die üblichen Gebete sprechen. Zufällig jedoch ist er unerreichbar. Ob und inwieweit der Gedanke an ein Jenseits für Proust von Bedeutung gewesen ist, lässt sich kaum sagen. An Lionel Hauser, der sich zur Theosophie bekannte, schrieb er einmal: *Wenn ich auch nicht den Glauben habe, wie Du sagst, so gibt es doch keinen Tag in meinem Leben, an dem ich mich nicht intensiv mit der religiösen Frage beschäftige.*[73]

Freunde kommen, um von ihm Abschied zu nehmen. Reynaldo Hahn als erster, dann Léon Daudet, Paul Morand und andere. Der Maler Paul César Hellen macht einen Kupferstich vom Antlitz des Verstorbenen, der Zeichner André Dunoyer de Segonzac eine Kohlezeichnung, Man Ray eine Fotografie.

Die Trauerfeier findet am 22. November in Saint-Pierre-de-Chaillot statt. Der Abbé Delouve hält die Trauerrede und erteilt dem Verstorbenen die Absolution. Gespielt wird die Komposition «Pavane pour une infante défunte» von Maurice Ravel, dessen Musik Proust nicht besonders geschätzt hat. Roger Martin du Gard gibt in seinen Erinnerungen eine bissige Schilderung der Trauergemeinde: *Herzöge, Fürsten, Botschafter, der Jockey-Club in Stiefeln mit Knöpfen und mit Monokeln, in der Menge die höhere Judenclique und die große Pariser Päderastie, ein wenig in die Jahre gekommen, gehörig*

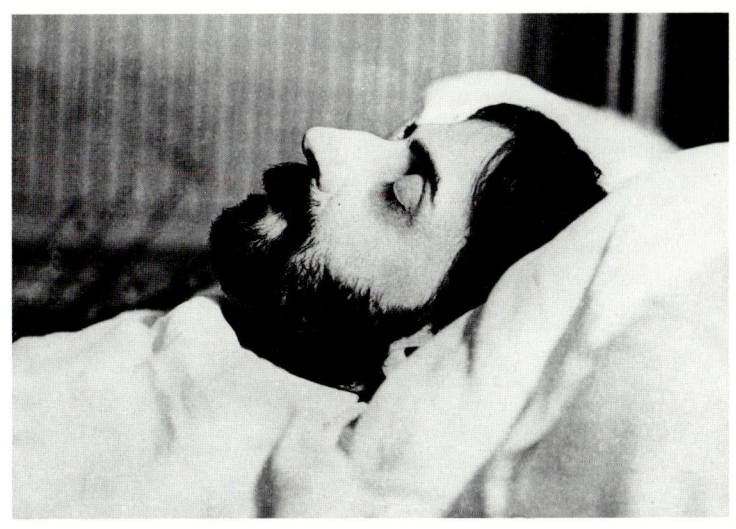

Proust auf dem Sterbebett. Foto von Man Ray

*geschminkt, mit lackierten Fingernägeln und Späherblick.*[74] Barrès, immer noch Antisemit wie zur Zeit der Dreyfus-Affäre, soll beim Verlassen der Kapelle bemerkt haben, er habe immer gedacht, Proust sei Jude gewesen. Ein kleiner Zwischenfall erheitert die Anwesenden, als sie die Kirche verlassen: Der Hund von Fernand Gregh entwischt und flüchtet sich unter den Leichenwagen. Beigesetzt wird Proust in der Familiengruft auf dem Friedhof Père-Lachaise neben seinen Eltern.

Am Ende scheint die Realität die Fiktion einzuholen. Eines Tages, so schreibt Céleste Albaret, hätten ihr Gatte, ihre Schwester und sie selbst im Appartement Prousts Ordnung geschaffen. Als sie aus dem Haus traten, hätten sie im hell erleuchteten Schaufenster einer nahen Buchhandlung die Werke Prousts entdeckt, jeweils drei Exemplare der einzelnen Werke sorgfältig arrangiert. Es schien ihr, als habe der Buchhändler jene fiktive Szene in die Realität umgesetzt, die der Erzähler der *Recherche* nach dem Tod des Schriftstellers Bergotte beschrieb: *Die Bücher wachten wie Engel mit ausgebreiteten Flügeln und schienen für den, der nicht mehr war, das Symbol der Auferstehung zu sein.*[75] Aber wie konnte der Buchhändler in der Rue Hamelin auf eine solche Idee kommen, wird doch der Band, in dem diese Passage erscheint, *La prisonnière* (*Die Gefangene*), erst ein Jahr später, im November 1923 veröffentlicht? Ist Céleste Opfer einer Wunschvorstellung, einer Erinnerungstäuschung geworden? Vielleicht hat sie an diese Worte Prousts gedacht: *Wenn ich tot bin, werden Sie sehen, was ich sage: man wird mich lesen, ja, die ganze Welt wird mich lesen. [...] Wenn Stendhal hundert Jahre gebraucht hat, um bekannt zu werden, so wird Marcel Proust kaum fünfzig Jahre dazu benötigen.*[76] So betrachtet fallen Mythos und Geschichte letztlich doch zusammen.

# Die «Recherche»:
# Eine kopernikanische Wende
# in der Romanliteratur

Prousts Romanzyklus zählt heute zu den unumstrittenen Höhepunkten der Erzählliteratur des 20. Jahrhunderts, vergleichbar den epochalen Werken von James Joyce, Thomas Mann, Franz Kafka und Robert Musil. Eine ausführliche Analyse wäre folglich an dieser Stelle zu erwarten, doch sie würde den Rahmen einer Monographie sprengen. Die Beschränkung auf wenige thematische Schwerpunkte ist daher unerlässlich.

## ERINNERN UND ERZÄHLEN

Die *Recherche* ist häufig als eine Art kopernikanische Wende in der Geschichte des Romans bezeichnet worden. Ähnlich wie Kant in der Philosophie bemüht sich Proust in der Erzählliteratur, die Welt aus der Subjektivität neu zu konstruieren. Dies bedeutet zunächst die Enttäuschung einer Erwartung. Der Leser wird nicht, wie im traditionellen Roman üblich, an den Beginn einer Geschichte geführt, die sich sodann in chronologischer Ordnung auf ein Ende hinbewegt, vielmehr wird er mit einer Situation konfrontiert, die ihn im Unklaren darüber lässt, wer hier überhaupt spricht, an welchem Ort und in welcher Zeit er sich befindet. Erst langsam begreift er, dass sich der Erzähler auf der Grenze zwischen Traum und Wirklichkeit bewegt und gerade diese Situation als typisch für sein Leben ansieht. Ein Mann blickt erinnernd auf seine Kindheit zurück, auf die Szenen nach dem Zubettgehen, als er sehnsüchtig auf den Gutenachtkuss seiner Mutter wartete. Erst sehr viel später erfahren wir, dass diese Eröffnungspassage eigentlich die Vorwegnahme einer Szene darstellt, die am Beginn des letzten Bandes der *Recherche*, *Die wiedergefundene Zeit*, zu lokalisieren ist. Der alternde Erzähler befindet sich im Haus seiner Jugendfreundin Gilberte, ganz in der Nähe jenes Ortes Combray, wo er einst als Junge bei Verwandten die Ferien zu verbringen pflegte und prägende Kindheitseindrücke empfing.

## Proust-Forschung

Kaum ein zweiter französischer Autor hat Anlass zu einer so umfassenden Forschungsliteratur gegeben wie Marcel Proust. Werden in den ersten Jahrzehnten nach seinem Tode vor allem Zeugnisse von Freunden und kürzere Essays publiziert, so erscheint mit dem Buch von André Maurois (1949) die erste umfassende Gesamtdarstellung von Leben und Werk.

Die im engeren Sinn literaturwissenschaftliche Erforschung des Proust'schen Œuvre setzt in den 1960er Jahren ein. Hier einige Beispiele: Den thematischen Aspekten widmen sich die Studien von Georges Poulet und Gaëtan Picon (beide 1963); die Entstehung der «Recherche» vor dem Hintergrund des Frühwerks ist Gegenstand der Untersuchung von Maurice Bardèche (1970); die narrative Konstruktion des Romans beschreibt Jean-Yves Tadié (1971); strukturalistisch inspirierte Analysen gehen auf Gérard Genette und Julia Kristeva zurück; unter philosophisch-ästhetischen Gesichtspunkten nähern sich Gilles Deleuze (1964) und Anne Henry (1982) dem Werk Prousts; einen psychoanalytischen Zugang wählen Milton M. Miller (1974) und Henri Bonnet (1985); der Literatursoziologie weiß sich Peter V. Zima (1973) verpflichtet. Ein Ergebnis der genetischen Forschung sind ebenfalls die immer sorgfältiger dokumentierten Ausgaben der «Recherche» und anderer Werke des Autors.

Auch in Deutschland hat sich seit dem Erscheinen der Studie von Hans-Robert Jauß (1955) eine umfangreiche und differenzierte Proust-Forschung entwickelt, die im Einzelnen hier nicht dargestellt werden kann (vgl. Pistorius 2002). Aufschluss über ihren Stand geben auch die Publikationen der Marcel-Proust-Gesellschaft.

Doch lange Zeit schien ihm diese Epoche seines Lebens unwiederbringlich verloren. So sehr er sein Erinnerungsvermögen bemühte, außer der Szene des Zubettgehens war alles aus seinem Bewusstsein getilgt. Und dann, eines Tages, als er müde und mutlos zu Hause ankommt, eine Madeleine in den Tee taucht, den seine Mutter ihm bereitet hat, macht er eine Erfahrung, die sein Leben verändert. In dem Augenblick, da das Gebäck in seinem Mund zergeht, überkommt ihn ein eigenartiges Glücksgefühl, als sei er Zeit und Raum enthoben, von allen Zufällen und Widrigkeiten des Lebens befreit. Sein Bewusstsein reagiert langsamer als die unmittelbare Erfahrung, gleichwohl erkennt er schließlich deren Ursache. Der Genuss der Madeleine hat ihn in seine Kindheit zurückversetzt, als er sonntags morgens in Combray von seiner Tante Léonie dieses Gebäck bekam, das sie zuvor in eine Tasse Tee getaucht hatte. Die Erinnerung hat sich gleichsam in die sinnliche Wahrnehmung eingegraben, und sie ist wieder präsent unter der

Voraussetzung einer identischen Wahrnehmung. Proust nennt dieses Phänomen *unwillkürliche Erinnerung* (*mémoire involontaire*), sie ist dem Willen und der Verfügungsgewalt des Bewusstseins entzogen. Der Autor habe, so Tadié, die Zeit wieder gefunden, bevor er sie verloren habe.[77] Dies mag überspitzt formuliert sein, trifft aber insofern zu, als Proust selbst bzw. der Erzähler immer wieder betont, dass nur die Erfahrung der *mémoire involontaire* die Konstruktion des *riesigen Gebäudes der Erinnerung*, das der Roman darstellt, erlaube. Der Autor hat jahrzehntelang an der Madeleine-Szene gearbeitet, bevor sie ihre endgültige Gestalt erhielt. Sie kommt einem Initiationsritus gleich. Nicht umsonst betont der Erzähler die Ähnlichkeit des Gebäcks mit der Jakobsmuschel. Es beginnt nun eine Art Pilgerreise zu den Quellen künstlerischen Schaffens und zugleich zu den Ursprüngen der menschlichen Existenz.

Ein Parallelbegriff zur *mémoire involontaire* ist der Terminus *intermittences du cœur*, der sich kaum ins Deutsche übersetzen lässt.[78] Als medizinischer Begriff bezeichnet er Herzrhythmusstörungen oder gar das vorübergehende Aussetzen des Herzschlags. Bei Proust jedoch bezieht er sich, auch wenn man vom Physiologischen ausgehen kann (seine Herzbeschwerden), auf eine psychische Realität: Er meint das Verschwinden von Gefühlen im Unbewussten sowie ihr unvorhersehbares Wiederauftauchen im Bewusstsein. Es sind diese *intermittences*, die – genau wie die unwillkürliche Erinnerung – einerseits die Identität und die Permanenz des Ich in Frage stellen, sie andererseits aber garantieren und realisieren.

Proust ist Zeitgenosse Freuds und fast schon der Surrealisten, auch wenn er weder mit der Wiener Psychoanalyse noch mit den ästhetischen Prinzipien eines André Breton vertraut ist. Ähnlich wie Freud vertritt auch er die Meinung, dass das Unbewusste in die Reflexion des Bewusstseins eingehen muss: Nur so ist eine künstlerische Konstruktion wie die *Recherche* möglich. Damit tritt Proust in Gegensatz zur «automatischen Schreibweise», ohne Kontrolle der Vernunft, wie sie von den Surrealisten propagiert wird. Es bedarf der glücklichen Augenblicke, der *mémoire involontaire*, um der Existenz, der individuellen wie der sozialen, Konturen zu verleihen, doch ohne die *vertane Zeit*, die Zeit, die in den zwischenmenschlichen Beziehungen vergeudet wurde, verlören die glücklichen Augenblicke ihre sinn- und gestaltgebende Kraft.

So ist also das Erinnern die Voraussetzung des Erzählens. Doch welche Geschichte soll uns erzählt werden? Und wer ist der Erzähler? Wir begleiten ihn zurück in seine Kindheit und Jugend, zunächst ins fiktive Combray, dann nach Paris; wir lernen seine Familie kennen, sind Zeugen seiner Freundschaften, seiner ersten Liebe; wir verfolgen seine Reisen nach Balbec an die Küste der Normandie, wo das reiche Bürgertum und der alte Adel in den Sommermonaten eine Art gesellschaftlichen Mikrokosmos bilden; wir begleiten ihn in die berühmten Salons des aristokratischen Faubourg Saint-Germain, verfolgen sein seltsames Liebesverhältnis zu Albertine, treffen ihn wieder als desillusionierten Herrn, der während des Weltkriegs nächtens durch Paris streift und eigenartige Entdeckungen macht, schließlich Jahre später als alternden Mann, der bestürzt die großen gesellschaftlichen Umwälzungen zur Kenntnis nimmt und am Ende die Entscheidung trifft, ein Buch über all das zu schreiben, was er erlebt hat. Die Handlung reicht von den späten 1870er Jahren bis zur Mitte der 1920er Jahre und lässt vier Generationen auftreten.

Konnten wir zunächst glauben, es handele sich angesichts der Ichform um einen autobiographischen Bericht, so werden wir bald eines Besseren belehrt. Mag der Erzähler auch wiederholt

## Innere Chronologie der «Recherche»

1879  Hochzeit der Eltern des Erzählers – Odette wird die Geliebte Swanns.
1880  Geburt des Erzählers und Gilbertes
1895  Der Erzähler spielt mit Gilberte auf den Champs-Elysées.
1896  Der Erzähler begegnet in der Begleitung der Swanns der Prinzessin Mathilde.
1897  Erster Aufenthalt in Balbec
1898  Besuch des Erzählers bei Madame de Villeparisis – Tod der Großmutter – Diner bei der Herzogin Guermantes
1899  Soirée bei der Fürstin Guermantes
1900  Zweiter Aufenthalt in Balbec
1901  Soirée bei Madame Verdurin – Flucht Albertines
1902  Aufenthalt in Venedig
1903  Geburt der Tochter von Saint-Loup
1914  Erste Rückkehr des Erzählers nach Paris während des Kriegs
1915  Zweite Rückkehr des Erzählers nach Paris
1919  Matinée bei der Fürstin Guermantes, zwanzig Jahre nach der Soirée bei der ersten Fürstin Guermantes

Nach: Willy Hachez, in: Bulletin de la Société des Amis de Marcel Proust No. 15, 1965

Marcel genannt werden, seine Biographie unterscheidet sich in charakteristischen Zügen von der des Autors. Der Erzähler ist ein *Herr, der ich sagt* (*un monsieur qui dit je*), wie Proust selbst betont, somit eine Fiktion des Autors, und doch bewegt sich die ganze *Recherche* im engen Erfahrungshorizont des Marcel Proust.

Das Werk steht in der Tradition des Ichromans, der im 18. Jahrhundert seinen Anfang nahm, in der Epoche der Romantik seinen Höhepunkt erlebte, von den Realisten und Naturalisten verworfen wurde, aber unter Prousts Zeitgenossen neue Aktualität gewann. Er ist verknüpft mit der Entwicklung des modernen Individuums, gestaltet seine Auseinandersetzung mit dem gesellschaftlichen Umfeld, das seinen subjektiven Sehnsüchten und Bedürfnissen enge Grenzen setzt, und endet zumeist in dumpfer Anpassung oder verzweifelter Desillusion. Auch die *Recherche* ist ein Desillusionsroman: Weder in den Liebesbeziehungen noch im gesellschaftlichen Leben findet Marcel seine Erfüllung. All dies wäre vertane Zeit, beschriebe der Roman nicht zugleich die Geschichte einer *vocation*, der literarischen Berufung Marcels.

Proust wählt wie die Romantiker und wie André Gide die subjektive Perspektive, um schließlich doch zu Wahrheiten vorzudringen, die jenseits des Individuums zu suchen sind. Seine Konzeption hat freilich zur Folge, dass die chronologische Ordnung eines individuellen Lebens, die im traditionellen Ichroman wie in der Autobiographie selbstverständliche Voraussetzung ist, aufgegeben wird. Die Zeit, wie sie die unwillkürliche Erinnerung erlebt, hat keine lineare Chronologie, daher kann es keine Erzählung geben, die kontinuierlich von einem Anfang zu einem Zielpunkt fortschreitet, sondern nur eine Darstellung, die durch Brüche und Lücken, Rückgriffe und Vorwegnahmen gekennzeichnet ist.

Die *Recherche* sprengt also die relativ engen Grenzen des traditionel-

**André Gide (1869–1951)** hat mehr als ein halbes Jahrhundert lang die literarische Szene in Frankreich bestimmt. Dem protestantischen Bürgertum entstammend, betrachtete er sich frühzeitig als Opfer puritanischer Moral, propagierte bald ein Leben jenseits aller gesellschaftlichen Zwänge und bekannte sich schließlich zu seinen homosexuellen Neigungen. Er schrieb eine Fülle von Erzählwerken, die mit den unterschiedlichsten narrativen Formen spielen, aber nur «Die Falschmünzer» (1925) wollte er als Roman gelten lassen.

len Ichromans. Proust genügt die Rekonstruktion eines individuellen Lebens nicht, vielmehr zielt er durch dieses Medium hindurch auf die Rekonstruktion des gesamten gesellschaftlichen Kontextes einer Epoche. Sein Werk aktualisiert, so betrachtet, den Zyklen-Roman des 19. Jahrhunderts, Honoré de Balzacs «Comédie humaine» und Zolas «Rougon-Macquart». Die Postnaturalisten kehrten sich zunächst entschieden von dieser Romanform ab, weil sie ihren vermeintlich objektivistischen Ansatz verwerfen zu müssen glaubten. Doch sehr bald erkennen einige von ihnen, dass sich umfassendere Zusammenhänge nur in der zyklischen Form gestalten lassen, die nun, wenn auch in bescheidenerem Umfang, in den Trilogien «Le culte du moi» (1888–91) und «L'énergie nationale» (1897–1902) von Maurice Barrès sowie in der Tetralogie «L'histoire contemporaine» (1896–1901) von Anatole France, schließlich auch in dem großen Roman-fleuve «Jean Christophe» (1904–12) von Romain Rolland wiederkehrt. Die siebenteilige *Recherche* entsteht auch in der Auseinandersetzung mit diesen Werken.

Die radikale Subjektivierung des Erzählens führt unter anderem dazu, dass der Leser nur Einblick hat in das Innenleben des Erzählers, alle anderen Personen aber nur von außen zu sehen und zu beurteilen vermag.[79] Proust hat zwar in sein Romanwerk das von Balzac erfundene Prinzip der Wiederkehr der Figuren eingeführt, und dies bedeutet einerseits, dass sie dem Leser über einen langen Zeitraum vertraut bleiben, zugleich aber erlaubt dieses Prinzip, gerade ihre Fremdheit und Unerkennbarkeit hervorzuheben.

All dies bedeutet nicht, dass Prousts *Recherche* keine bewusste künstlerische Konstruktion zugrunde liegt. Es gibt Parallelen und Oppositionen zwischen verschiedenen Bänden oder Kapiteln des Werks. Der Autor hat den Begriff des *sternförmigen Erzählens* (*récit en étoiles*) benutzt. Die Erzählung entwickelt sich gewissermaßen von einem zentralen Punkt aus in verschiedene Richtungen. Doch die Entfaltung eines narrativen Diskurses lässt kaum die Gleichzeitigkeit verschiedener Erzählstränge und Erzählebenen zu. Angemessener erscheint das Bild der Kathedrale, das Proust auch in der *Recherche* verwendet. Der Roman ist wie die Kathedrale eine zugleich in sich geschlossene und offene, eine in sich vollendete und doch niemals zu beendende Konstruktion.

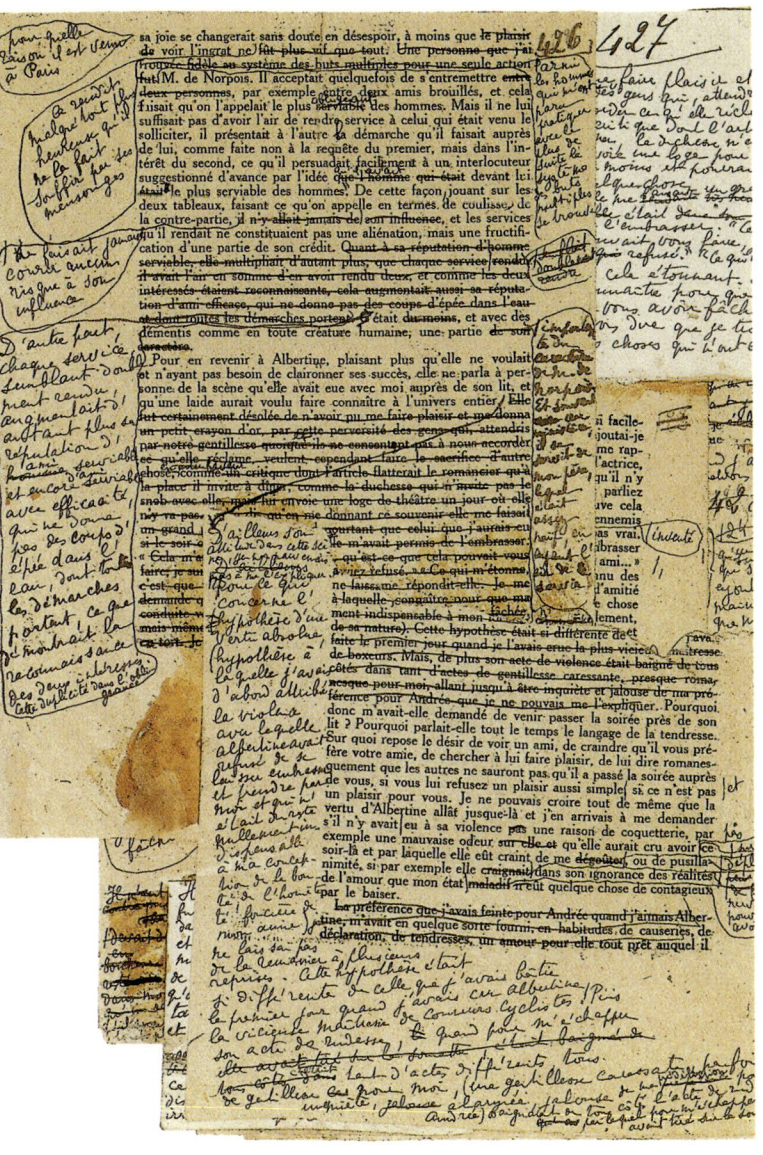

Korrigierte Druckfahne zu «Im Schatten junger Mädchenblüte».
Prousts Roman ist ein Endlostext.

## LIEBESLEIDENSCHAFT – DAS GEFÄNGNIS DER EIFERSUCHT

Wie nahezu alle großen Romane des 19. und des frühen 20. Jahrhunderts ist auch die *Recherche* ein Liebesroman. Die moderne Auffassung der Liebesleidenschaft hängt mit dem Verständnis von Menschenrechten zusammen: In ihr manifestiert sich das Recht auf Selbstverwirklichung und individuelles Glück. Proust freilich akzentuiert diese Thematik auf eine ganz eigene und in seiner Zeit singuläre Weise.

*Was wir für unsere Liebe, unsere Eifersucht halten, ist nicht ein und dieselbe kontinuierliche, unteilbare Leidenschaft. Sie setzt sich vielmehr aus unendlich vielen aufeinander folgenden Liebesleidenschaften, unterschiedlichen Eifersuchtszuständen zusammen, die nur vorübergehend sind, aber aufgrund ihrer ununterbrochenen Vielzahl den Eindruck von Kontinuität, die Illusion von Einheit vermitteln.*[80] Dies ist das Resümee, das der Erzähler am Ende der Episode *Eine Liebe von Swann* aus den Erfahrungen seines Helden mit seiner Geliebten Odette de Crécy zieht. Proust verknüpft seine Liebeskonzeption mit der Problematik der Einheit und Einzigartigkeit der Person, ganz so wie es auch mit der Theorie der willkürlichen und unwillkürlichen Erinnerung geschieht. In eben dem Maße, wie die Identität der Person fragwürdig wird, steht auch die Vorstellung von der Einheit und Einzigartigkeit einer Liebesbeziehung zur Disposition – und umgekehrt. Dies ist eines der Hauptmerkmale des modernen Verständnisses von Liebe, wie sie sich literarisch zuerst in den Tragödien Jean Racines dargestellt hat. Doch wenn die Person sich lediglich aus *aufeinander folgenden Ichs* (*moi successifs*) zusammensetzt, wenn jede Liebesleidenschaft aus unendlich verschiedenen *aufeinander folgenden Zuständen* (*états successifs*) besteht, was erlaubt dann noch, von derselben Person und derselben Liebesbeziehung zu sprechen?

Ein anderes Gestaltungsprinzip scheint jedoch dem soeben dargestellten zu widersprechen. Die Liebesbeziehungen des Erzählers zu Gilberte (*Unterwegs zu Swann*) und zu Albertine (*Die Gefangene*) zeigen immer dieselben Grundmerkmale, sie sind trotz kleiner Varianten Wiederholungen eines einzigen Verhaltensschemas. Damit nicht genug: Auch die Liebesverhältnisse anderer Personen, etwa Swanns Beziehung zu Odette (*Eine Liebe von*

Das Chalet der Radler im Bois de Boulogne. Gemälde von Jean Béraud (1849–1936). Die Rad fahrenden Frauen verkörpern für Proust ein neues ästhetisches Ideal. Sceaux, Musée de l'Ile de France

*Swann*) und Saint-Loups Beziehung zu Rachel (*Guermantes*), besitzen dieselben Charakteristika.

Eines dieser Grundmerkmale ist die Entstehung der Liebe selbst. Man könnte meinen, sie richte sich zunächst gar nicht auf ein Individuum. Gilberte erscheint Marcel in Tansonville wie harmonisch eingefügt in die blühenden und duftenden Weißdornbüsche, sie ist gleichsam Teil einer berauschenden Natur, ja sie ist Natur ihrem innersten Wesen nach. Ähnliches geschieht mit dem Erzähler, als er zum ersten Mal Albertine am Strand von Balbec wahrnimmt. Er sieht sie kaum als Einzelperson, vielmehr als Bestandteil der *kleinen Schar junger Mädchen*, die sich vom Hintergrund des Meeres abhebt und zugleich mit ihm eins ist. *Ich liebte keine von ihnen, da ich sie alle liebte*, so Marcel.[81] Auf diese Weise, betont der Erzähler, geschehe eine Vervielfältigung seiner selbst, die mit dem Glück identisch sei. Erst später sucht sich dieser vagabundierende Eros ein konkretes Objekt seines Begehrens.

Die Entstehung der Liebe ist zugleich in hohem Maß Projektion. Im Fall von Gilberte wirkt schon der Name wie ein Talisman, um Oriane de Guermantes verdichtet sich die mittelalterliche Legendenbildung und die Aura eines uralten Adelsgeschlechts (*Unterwegs zu Swann*). Swann glaubt, in Odette Botticellis Sephora wiederzuerkennen, der junge Marcel sieht in ihr, als sie im Bois de Boulogne promeniert, die betörende Inkarnation des Erotischen schlechthin, die flüchtige Epiphanie des Schönen an sich, wie er sie ganz im Sinne Baudelaires auch in den Boulevardszenen des Malers Constantin Guys zu entdecken glaubt. Reine Kunstwerke schließlich sind in den Augen des Erzählers der *Guermantes* die Herzogin und die Fürstin Guermantes in ihrer Theaterloge, wo sie im Übrigen als ein und dieselbe Person wahrgenommen werden, ähnlich wie die Gruppe der Mädchen in Balbec.

Indessen kann einer solchen erotisch-poetischen Projektion nur die Enttäuschung durch die Wirklichkeit folgen. Keine Frau

Gräfin Élisabeth Greffulhe, geb. Caraman-Chimay, eines der Modelle für Prousts Fürstin Guermantes. Gemälde von László von Lombos, 1905. Privatsammlung

entspricht dem schönen Schein, mit der sie die Phantasie des Liebenden umgibt. Die Herzogin ist grausam und lieblos, Odette dumm und vulgär. Swann erkennt bald, dass ihn der Typus von Schönheit, den seine Geliebte repräsentiert, völlig gleichgültig lässt. Und nach der Heirat gesteht er sich ein: *Wenn ich bedenke, daß ich Jahre meines Lebens verschwendet habe, daß ich sterben wollte, daß meine größte Liebe einer Frau gegolten hat, die mir nicht gefiel, die nicht mein Genre war!*[82] Dies ist der Schluss der Episode *Eine Liebe von Swann* und zugleich das Fazit seiner Erfahrung.

Die Phantasie der Liebenden scheint es zu beflügeln, dass gewisse Frauen nicht jenen Normen gehorchen, die die bürgerliche Moral für gültig erklärt. Die Faszination, die Odette auf Swann und Rachel auf Saint-Loup ausüben, verdanken sie eben dieser Tatsache. Und Gilberte gewinnt für Marcel dadurch an Interesse, dass sie die Tochter von Swann und Odette ist und aus einer Beziehung hervorgegangen ist, der in den Augen seiner Eltern das Odium des Unmoralischen anhaftet.

Ähnliches gilt für die Projektion erotisch-sexueller Phantasien auf Frauen unterer gesellschaftlicher Schichten. Schon der kleine Marcel träumt in Combray davon, eine Bäuerin in den Armen zu halten. Periodisch kehrt später in seiner Imagination das Mädchen aus dem Volk wieder, mal als Milchmädchen oder Wäscherin, mal als Bäckerin oder Kammerzofe. Diese anonyme, immer gesichtslose *fille du peuple* repräsentiert für den wohlerzogenen und behüteten Jungen so etwas wie Exotik. Sie ist eine Art Barbarin, die sich jenseits der rigiden Moral des Bürgertums zu bewegen scheint.

All dies bedeutet auch, dass die Liebesleidenschaft ausschließlich subjektiven Charakters ist. *Unsere Natur schafft selbst unsere Liebe und fast auch die Frauen, die wir lieben*[83], heißt es, oder auch: *[…] sie sind, diese Frauen, ein Produkt unseres Temperaments, ein Bild, eine umgekehrte Projektion, ein Negativ unserer Sensibilität.*[84] So erklärt sich zum einen die Permanenz und die weitgehende Identität der Liebe zu unterschiedlichen Personen, zum anderen aber auch ihre Diskontinuität, insofern sie mit sehr variablen Gefühlszuständen verbunden ist, die durch wechselnde Empfindungen des Liebenden und scheinbar völlig konträre Verhaltensweisen der geliebten Person hervorgebracht werden. *Jede dieser Albertinen aber war wieder verschieden, wie jede Erscheinung einer Tänzerin verschieden ist. [...] Vielleicht nahm ich, weil die Wesen, die ich in ihr zu jener Zeit erblickte, so verschieden waren, die Gewohnheit an, selbst eine andere Person zu werden, je nachdem, an welche Albertine ich dachte. [...] Genau genommen müßte ich jedem Ich, das in der Folgezeit an Albertine dachte, einen unterschiedlichen Namen geben; noch vielmehr aber müßte ich jeder Albertine, die vor mir erschien, einen unterschiedlichen Namen geben.*[85]

Rainer Warning[86] hat darauf hingewiesen, dass Proust die romantische Liebeskonzeption, die von der Einzigkeit und Einheit der Liebe ausgehe, mit der pessimistischen Sichtweise der Moralisten des 17. Jahrhunderts korrigiere. Die letzte Triebfeder der Leidenschaft, so etwa ein François de La Rochefoucauld, ist die Eigenliebe, und deswegen bedeutet Lieben immer Geliebt-werden-Wollen und damit auch, über die geliebte Person verfügen zu wollen. Die kritischen Impulse, die Prousts Konzeption aufweist, richten sich jedoch zuallererst auf die vermeintliche Dominanz des Individuums, des modernen Subjekts, insofern es über den anderen ebenso zu verfügen glaubt, wie es die Natur zu beherrschen meint. In letzter Instanz ist es die Unfähigkeit, das erotisch-sexuelle Begehren, das auf den Besitz des Objekts abzielt, mit dem Bedürfnis nach Kommunikation der Seelen zu vereinbaren. Der Liebende meint, er könne sich die Geliebte gleichsam einverleiben (*l'amour tendant à l'assimilation complète d'un être*[87]), aber eben nicht als Körper, sondern als Person. Genau hier liegt der Ursprung der Eifersucht. Sie ist tiefer als die Liebe, so Gilles Deleuze, sie enthält deren Wahrheit.[88]

Prousts Liebesverhältnisse in der *Recherche* sind im Grunde Eifersuchtsdramen. Der Liebende versucht, die Geliebte gefangen zu nehmen, körperlich, indem er sie, wie Marcel Albertine, ein-

François, Herzog von La Rochefoucauld (1613–80):

Die Eigenliebe ist der größte aller Schmeichler.

Die Leidenschaften sind die einzigen Redner, die immer überzeugen.

Wenn man die Liebe nach der Mehrzahl ihrer Wirkungen beurteilt, so gleicht sie mehr dem Hass als der Freundschaft.

Die Beständigkeit in der Liebe ist eine dauernde Unbeständigkeit.

In keiner Leidenschaft führt die Eigenliebe ein so mächtiges Regiment wie in der Liebe.

In der Eifersucht gibt es mehr Eigenliebe als Liebe.

Die Eifersucht ist das größte aller Übel, das kein Mitleid kennt mit den Personen, die es verursachen.

Aus den «Maximen», 1665/78

schließt, indem er sie ausspioniert wie Swann Odette, doch die fremde Person kann er nicht gefangen nehmen, sie ist ein *Fluchtwesen* (*être de fuite*), das sich prinzipiell seiner Verfügbarkeit entzieht. Der Blick nährt die Illusion des Besitzens und zerstört sie auch. Der Liebende möchte alles wissen über die geliebte Person, und er weiß doch zugleich, dass er sie nur so lange lieben wird, wie sie für ihn gleichsam Terra incognita bleibt. Er möchte ihre Seele besitzen und weiß doch, dass der Besitz das Ende seiner Liebe wäre (*man liebt nur das, was man nicht ganz besitzt*[89]).

So ist schließlich der Liebende selbst der Gefangene, der *Sklave*, wie es häufiger in der *Recherche* heißt. Der Höhepunkt des Leidens ist freilich der Verdacht, die Geliebte unterhalte gleichgeschlechtliche Beziehungen. Hier kulminiert die Angst, sie verfüge über einen Bereich, der dem Liebenden als Erfahrung versperrt bleiben muss. Nur selten gibt es Augenblicke der Ruhe, von Glück lässt sich kaum sprechen. Eine der bemerkenswertesten Szenen ist wohl der Blick Marcels auf die schlafende Albertine (*Die Gefangene*). Ihr Ich entweicht nun nicht mehr in jedem Augenblick dem Betrachter, es hat sich vielmehr in den schlafenden Körper zurückgezogen. Der Liebende hat nun das Gefühl, sie für den Augenblick ganz zu besitzen.

Aus diesem Labyrinth der Eifersucht führen nur drei Wege: Der Liebende kann versuchen wie der junge Marcel, seine Leidenschaft abzutöten, was freilich zunächst einem seelischen Suizid gleichkommt; er kann wie Swann (*Unterwegs zu Swann*) seine Geliebte heiraten und so seiner Leidenschaft ein Ende setzen; schließlich bietet die Flucht wie im Fall Albertines (*Die Flüchtige*) die Chance der Lösung von den eigenen Gefühlen. Sicherheit, dass die Leidenschaft nicht eines Tages wieder Oberhand gewinnt, gibt es freilich nicht. Als Marcel in Venedig weilt, nachdem er Albertine gänzlich vergessen zu haben glaubt, kehrt plötzlich seine Liebe wieder, die ähnlich wie die unwillkürliche Erinnerung in den Tiefen seines Unbewussten verschüttet war.

Liebe ist bei Proust immer mit Verlustangst verbunden. *Unsere Geliebten sind die Töchter unserer Angst*[90], heißt es einmal. Liebe ist immer narzisstisch auf das eigene Ich ausgerichtet, sie orientiert sich insofern regressiv an der frühkindlichen Phase. *Ich hatte verstanden, daß meine Liebe weniger eine Liebe zu ihr war als eine Liebe in mir*[91], so beschreibt der Erzähler in *Die Flüchtige* rückblickend sein Verhältnis zu Albertine. Prousts Liebende sind unfähig zu reifen Beziehungen, zu einer Partnerschaft auf der Grundlage wechselseitiger Anerkennung zweier erwachsener Persönlichkeiten, die sich ihrer Differenz bewusst sind. Das Ideal bleibt immer der Gutenachtkuss der Mutter, das passive Sich-Anschmiegen eines *säugenden Kindes*, wie es verräterisch heißt, als die Großmutter erscheint, um Marcel, den Erzähler, zu trösten.[92]

## HOMOSEXUALITÄT – DIE «VERFLUCHTE RASSE»

Lässt sich die Liebesleidenschaft in der *Recherche* überhaupt beschreiben, ohne dass zuvor das Thema der Homosexualität behandelt wird? Ist nicht Gilles Deleuze beizupflichten, wenn er behauptet, bei Proust sei die Homosexualität die Wahrheit der Liebe?[93] Der Autor der *Recherche* jedoch war der Auffassung, dass alle Erscheinungsformen der Liebe letztlich denselben Gesetzmäßigkeiten gehorchen.

Jahrzehnte lang war das Thema der Homosexualität in der Proust-Forschung tabuisiert. Man glaubte dabei dem Verhalten des Autors selbst zu entsprechen, der seine gleichgeschlechtlichen Neigungen vor der Öffentlichkeit stets verborgen hatte, nicht einmal gegenüber Céleste Albaret die Wahrheit eingestand und sich nur seinen engsten Freunden offenbarte. André Gide behauptet in seinem Tagebuch, Proust habe ihm gegenüber 1921 in einem langen Gespräch geäußert, für Frauen nur platonische Liebe empfunden, sexuelle Beziehungen nur zu Männern gehabt zu haben.[94] Als einer der Ersten hat es André Maurois 1949 gewagt, dieses Thema in seine Interpretation der *Recherche* einzubeziehen. Vor allem angelsächsische Biographen wie George D. Painter und Ronald Hayman gingen unbefangen mit dieser Problematik um, schossen jedoch bald über das Ziel hinaus, indem sie die *Recherche* als ein kaum verhülltes Selbstbekenntnis des Autors deuteten. Gilberte wurde plötzlich zu Gilbert, Albertine zu Albert, hinter dem sich in Wahrheit Agostinelli verbarg. Eine solche Sichtweise simplifiziert und verkürzt das Verhältnis von Autor und Werk. Sicherlich muss dem Leser der *Recherche* auffallen, dass neben die erste Liebe des Erzählers zu Gilberte die lesbische Beziehung der Tochter Vinteuils

tritt, ja, es drängt sich der Verdacht auf, die Profanierung der Fotografie des Vaters könne eine verschobene Thematisierung der
Schuldgefühle Prousts seiner Mutter gegenüber darstellen. Erklärt
sich die krankhafte Eifersucht der Personen nicht vielleicht aus
der Tatsache, dass der gleichgeschlechtlich Liebende stets befürchten zu müssen glaubt, der Geliebte stehe in der Versuchung,
‹normale› Beziehungen einzugehen?

Ist es etwa auf Prousts Unaufrichtigkeit zurückzuführen,
wenn er Marcel nicht als Homosexuellen darstellt? Das zeitgenössische Publikum hätte in seiner großen Mehrheit eine solche
Lösung wohl kaum akzeptiert. Proust hat dadurch, dass er diese
Problematik auf andere Figuren, vor allem den Baron de Charlus
projiziert, ein Maß an schöpferischer Freiheit gewonnen, das ihm
eine Projektion auf den Icherzähler nie erlaubt hätte. Gegenüber

André Gide, einer der ersten französischen Schriftsteller,
der offen seine Homosexualität eingestand. Gemälde von
Jacques-Émile Blanche, 1912. Rouen, Musée des Beaux-Arts

Gide soll er betont haben, man könne alles sagen – vorausgesetzt, man vermeide die Ichform. Gide selbst, der gern seine Aufrichtigkeit plakativ hervorkehrte, wagte in seinem als Dialog angelegten Werk «Corydon» (1924) nur eine vorsichtige Apologie der Homosexualität, des «uranisme», wie er selbst sagt, in seinen Romanen hat er jedoch keine eindeutig homosexuelle Figur dargestellt. Trotzdem macht er Proust den Vorwurf, sich vor der Öffentlichkeit zu verbergen; vor allem bezichtigt er ihn, Homosexualität kritisch und negativ darzustellen. Und genau dies ist eines der Grundprobleme bei der Lektüre der *Recherche*: Der Leser weiß nie, ob der Erzähler bzw. der Autor Homosexualität rechtfertigen oder verurteilen möchte. Möglicherweise beruhen gerade auf dieser Ambivalenz der Reiz der Darstellung und das Interesse an ihr.

Die wohl berühmteste Szene zu diesem Thema findet sich am Beginn von *Sodome et Gomorrhe I*. Der Erzähler beobachtet, selbst unentdeckt, eine Begegnung zwischen dem Baron de Charlus und dem Hemdmacher Jupien, die zunächst im Hof des Hôtel Guermantes und dann in einem Atelier des Seitenflügels stattfindet. Gleichzeitig verfolgt er, der sich selbst als Botaniker bezeichnet, wie eine Hummel sich anschickt, eine Orchidee zu befruchten. Das Zusammentreffen erscheint rein zufällig, wird aber letztlich nicht nur als ein biologischer Parallelismus, sondern als Manifestation einer natürlichen Notwendigkeit gedeutet: der Liebesakt zwischen den beiden Männern auf der einen Seite und auf der anderen die Befruchtung der Blume durch ein Wesen einer anderen Art aufgrund der Unfähigkeit zur Selbstbefruchtung.

Das Verhalten der beiden Männer, insbesondere das des Barons, bedeutet für den Erzähler eine Enthüllung; erst jetzt versteht er, was ihm zuvor immer rätselhaft erschienen war. Doch sehr bald wird deutlich, dass es keineswegs allein um diese beiden Personen, schon gar nicht um Insekt und Blume geht, sondern um ein sehr allgemeines Problem. Der narrative Diskurs wird zur philosophischen und kulturgeschichtlichen Abhandlung. Zunächst jedoch hören wir eine Art Klagelied derjenigen, die diesem *Laster* (*vice*) nicht zu entrinnen vermögen, und der Leser kann sich des Eindrucks nicht erwehren, dass hier der Autor seine eigenen Konflikte thematisiert. Wie am Beispiel des Barons zu erkennen ist, der dem Betrachter plötzlich als Frau erscheint, handelt es sich um die

*Rasse* – so Proust – derjenigen, deren Ideal männlich ist, weil ihr Temperament weiblich ist. Notwendigerweise verlieben sie sich in einen Mann, der nichts von einer Frau an sich hat. Der Autor nennt sie auch *hommes-femmes*, was ins Deutsche unschön mit *Weibmann* (Rechel-Mertens) oder *Zwitterwesen* (Keller) übersetzt worden ist. Im Übrigen zieht Proust den Begriff *inverti* dem Wort «homosexuell» vor. Ein *inverti* kann so gerade das nicht finden, was *la douceur de vivre* ausmacht, nämlich die Erfüllung seines Begehrens (*désir*). Zugleich aber gehört er einer Rasse an, auf der ein Fluch (*malédiction*) lastet. Er darf nicht offen eingestehen,

Robert de Montesquiou, langjähriger Freund Prousts, erkannte sich zum eigenen Entsetzen im Porträt des Baron Charlus. Gemälde von Giovanni Boldini, 1897. Paris, Musée d'Orsay

was sein innerstes Bedürfnis ausmacht, er muss in der Lüge leben, und weil er nicht aufrichtig sein darf, lebt er *ohne Mutter* – so in *Sodom und Gomorra I* – und ohne Freunde.

Diese Klage verbindet sich mit einer kulturgeschichtlichen Argumentation, auf die der wiederholt benutzte Begriff «Rasse» schon hindeutet. Als im 19. Jahrhundert die Rassentheorie auf die gesellschaftlichen Beziehungen übertragen wurde, diente sie der Legitimation von Herrschaft. Wenn Proust den Terminus auf die *invertis* bezieht, so kennzeichnet er damit die dominante Moral als Unterdrückungsinstrument. Zwar benutzt er gern das Wort «vice» (Laster), doch um ein «vice» handelt es sich nur, weil die herrschenden Verhältnisse es dazu machen. Der Autor geht sogar noch einen Schritt weiter. Der Begriff *race maudite* (*verfluchte Rasse*), den Proust benutzt, bezeichnet in der abendländischen Geschichte das Judentum, und Proust stellt in der Tat eine Parallele zwischen Homosexuellen und Juden her. Damit spricht er gleichzeitig auch seine eigene Herkunft an. Die *invertis* sind wie das Volk Israel Opfer ständiger Verfolgung. Doch sie haben wie manche Juden die Sichtweise ihrer Verfolger verinnerlicht, das heißt, sie geißeln öffentlich, was ihr Wesen ausmacht, verleugnen es, werden zu Verrätern Gleichgesinnter und passen sich den herrschenden Bedingungen an. Vielleicht bilden sie gar wie die Freimaurer eine Art Geheimgesellschaft oder eine Untergrundarmee, die das Bestehende attackiert. Diejenigen unter ihnen, die eine Art Mission zu haben glauben, wie andere den Zionismus oder den Sozialismus predigen, bleiben in der Minderheit. Eher typisch ist für sie, so der Erzähler, die Einsamkeit, sie sind *solitaires*, mögen sie in ihrer Isolierung auch so unbezähmbar sein wie nur scheinbar domestizierte Löwen oder wie jene schwarzen Sklaven, die das Wagnis der Freiheit in der Wildnis der Sicherheit eines geregelten Sklavendaseins vorziehen.

Doch von einem bestimmten Punkt ab wird diese kulturgeschichtliche und sozialpsychologische Argumentation bei Proust von einer naturgeschichtlichen überlagert und schließlich abgelöst. Das Motiv ist von Beginn der Szene an durch die Beobachtung von Orchidee und Hummel angedeutet. Während wir jedoch nie erfahren, worin nun eigentlich die Pointe der Parallele von Charlus – Jupien auf der einen und Orchidee – Hummel auf der anderen Seite bestehen soll, denn der Erzähler verpasst den Moment der Befruchtung, weil sein Blick auf die beiden Männer fixiert ist, führt uns die Argumentation nun in die mythische Frühgeschichte der Geschlechter zurück. Der Erzähler greift die Vorstellung vom ursprünglichen Hermaphroditismus der Menschheit wieder auf. Unter diesem Gesichtspunkt werden die gegenwärtigen Geschlechterverhältnisse zum Stadium einer Entwicklung, an deren Ende die Wiederherstellung des Hermaphroditismus unter neuen Bedingungen und in neuen Formen stehen wird. Denkbar sind dann unterschiedlichste Kombinationen zwischen den weiblichen Elementen im Mann und den männlichen in der Frau. Damit wird auch das, was heute als Homosexualität qualifiziert wird, zu einem normalen Phänomen, das seinen Stellenwert in der Entwicklung der Menschheit hat. Auf diese Weise wird historisch legitimiert, was in der Natur begründet liegt, und als natürlich gerechtfertigt, was historisch bedingt ist. Zugleich aber findet nicht nur eine moralische, sondern auch eine ästhetische Rechtfertigung statt. Das Verhalten von Charlus und Jupien, das dem Beobachter zunächst grotesk und lächerlich erschien, lässt nun eine neue Art von Schönheit erkennen.

Diese Konzeption bleibt jedoch Utopie. Sie gleicht in erstaunlicher Weise den Gedankengängen des Frühsozialisten Charles Fourier (1772–1837), der in seinem zu Lebzeiten nie publizierten Werk «Le nouveau monde amoureux» die zweideutigen Leidenschaften und den «amour unisexuel» in ein neues System der Gefühlsbeziehungen einbinden wollte, was freilich erst im Endzustand der «Harmonie» gelingen könne, der seinerseits die Neuordnung der gesellschaftlichen Verhältnisse voraussetze. Das Geschehen der *Recherche* ist von der Harmonie, vom wiedergefundenen oder neuen Paradies weit entfernt. Aber es lässt sich von einer Homosexualisierung der gesamten Gesellschaft sprechen: Überall findet der Erzähler Sodom und Gomorra wieder, gleichgeschlechtliche Beziehungen zwischen Männern und zwischen Frauen, immer mehr Figuren wecken diesen Verdacht, doch man kann sich des Eindrucks nicht erwehren, der Autor projiziere hier seine eigenen Phantasmen in die Welt seiner Fiktion. Zumal unter dem Eindruck des Kriegs fallen, wie am Beispiel von Jupiens Männerbordell dargestellt wird, alle bisherigen moralischen Schranken, und es findet wie im Beispiel des Barons Charlus ein Maß an Selbsterniedrigung statt, aus dem es keine Rettung mehr zu geben scheint. Es mag sein, dass gerade die Veränderungen, die der Weltkrieg in der Mentalität der Zeitgenossen verursacht hat, den Autor dazu ermutigen, dieser Thematik, die zu Anfang in seiner Romankonzeption noch eine untergeordnete Rolle spielte, eine ständig wachsende Bedeutung zuzugestehen.

## GESELLSCHAFT UND POLITIK – DER KÜNSTLER ZWISCHEN ADEL UND VOLK

Der französische Roman des 19. Jahrhunderts verdankte seine Breitenwirkung der Nähe zur gesellschaftlichen Realität. Balzac und seine Nachfolger setzten es sich zum Ziel, Geschichten zu erfinden, in denen sich die großen Umwälzungen der Epoche abbildeten. Proust als ihr Erbe bleibt dieser Tradition verpflichtet, mag er auch wie Flaubert Zweifel hegen, ob sich die zeitgenössische Gesellschaft noch in ihrer Totalität darstellen lässt. Die Voraussetzung aller Konflikte, wie sie in den Romanen der Realisten und Naturalisten erschienen, war das Prinzip der sozialen Mobilität, das infolge der Großen Revolution 1789 zur allgemeinen Norm geworden war. Von Stendhals «Rot und Schwarz» (1830) bis zu Maupassants «Bel-Ami» (1885) ist der gesellschaftliche Aufstieg, der Erfolg, das zentrale Motiv allen Handelns. Ganz im Unterschied jedoch zu Stendhals Helden Julien Sorel setzt sich der Erzähler Marcel nicht aktiv mit den gesellschaftlichen Verhältnissen auseinander, um seinen Platz zu erobern. Dies ändert sich erst, als er den Entschluss fasst, seine künstlerische Berufung zu verwirklichen und die Welt, in der er lebt, literarisch zu rekonstruieren.

Diese Welt hat zwei gesellschaftliche *Seiten* (*côtés*), die sich schon im Combray der Kindheit Marcels abzeichnen, je nachdem, in welche Richtung Spaziergänge unternommen werden: die bürgerliche Seite von Méséglise, wo Swann wohnt, und die aristokratische der Guermantes. Während die erste eher dem privaten Leben zugeordnet ist, verkörpert die andere die gesellschaftlichen Ambitionen. Denn schon der kleine Marcel träumt sich gern in die Welt des Adels hinein. Die Guermantes besitzen das, was seiner eigenen Familie fehlt, jene – nahezu mythische – Identität. Sie sind die Gründer von Combray, sie waren die ersten *citoyens*, das heißt die freien Bürger des kleinen Ortes. Proust spricht damit ein Problem an, das sowohl in der Sozialgeschichte als auch in der Literatur des 19. Jahrhunderts ständig gegenwärtig ist: Das Bürgertum hat zwar die Macht, aber gleichsam keinen Namen. Der bürgerliche Schriftsteller neigt dazu, seine soziale Herkunft zu verleugnen, die Klasse zu verachten, der er selbst entstammt, sich einerseits dem Adel zuzuwenden und andererseits dem Volk, den unteren Schichten. Während die Aristokratie über eine Genealogie verfügt, über historische Identität, besitzen die Niederen die Zukunft, wie nahezu gleichlautend die progressiven Autoren des 19. Jahrhunderts betonten. Auch in der *Recherche* findet sich – freilich modifiziert – diese Sichtweise wieder: *Ich hatte niemals einen Unterschied gemacht zwischen Arbeitern, Bürgern und hohen Herren, und ich hätte unterschiedslos die einen und die anderen als Freunde ak-*

*zeptiert. Mit einem gewissen Vorzug für die Arbeiter und danach für die adligen Herren.*[95]

Lange Zeit sieht es allerdings in der *Recherche* noch etwas anders aus: Marcel zeigt eine deutliche Vorliebe für die Aristokratie. Welch eine Ehre für ihn, so meint er, zu den großen adligen Salons, zur *Welt* (*monde*) schlechthin Zugang zu erhalten. Die Empfänge im Umkreis der Guermantes nehmen große Teile des Romans in Anspruch, und sie zählen gewiss zu den Passagen, die für das heutige Lesepublikum nur noch schwer zu ertragen sind. Dabei folgt die Chronologie des Romans einem hierarchischen Prinzip: Von der Matinee bei Madame de Villeparisis über das Diner beim Herzog und der Herzogin Guermantes bis zur Soiree beim Fürsten und der Fürstin Guermantes vollzieht sich zugleich ein gesellschaftlicher Aufstieg. Während der erstgenannte Salon schon bürgerlich infiziert ist, bleibt der letztgenannte für alle unzugänglich, die nicht zum Altadel zählen. Dieser hält sich allein für legitim und schätzt seine Legitimität höher ein als die des bourbonischen Königshauses, das sich einst mit den Medici einließ. Es versteht sich von selbst, dass weder der napoleonische Verdienstadel noch der orleanistische Geldadel als ebenbürtig anerkannt werden. Doch diese Haltung entspricht kaum noch den historischen Gegebenheiten. Der Altadel, der selten über Kapital verfügt, bedarf des Geldadels und der Bürgerlichen, um überhaupt noch seinen traditionellen Lebensstil pflegen zu können.

An dieser Stelle ist eine charakteristische Differenz zwischen dem Romangeschehen und der Biographie des Autors hervorzuheben. Zwar hat Proust im Lauf seines Lebens eine Reihe von Freunden und Freundinnen aus dem Hochadel gewonnen, doch in seinen jungen Jahren hat er nie wie der Erzähler Marcel Zugang zu den Salons des Faubourg Saint-Germain gehabt. Ähnliches gilt für den Wohnsitz: Während die Familie des Erzählers im Seitenflügel des Stadtpalais der Guermantes residiert, haben die Prousts immer die typischen bürgerlichen Viertel um die Grands Boulevards bewohnt. Der Roman begründet auch nicht, warum dieser junge Mann bürgerlicher Herkunft, der weder über eine hervorgehobene Stellung verfügt noch durch besondere Begabungen auf sich aufmerksam macht, bei den Guermantes ein so gern gesehener Gast sein soll.

Die Abend-
gesellschaft.
Gemälde von
Jean Béraud,
um 1880.
Paris, Musée
Carnavalet

Die Freude Marcels, dazuzugehören und insofern selbst ein wenig geadelt zu werden, weicht jedoch bald der Enttäuschung, denn in diesen Salons wird gleichsam noch einmal die Epoche Ludwigs XIV. nachgestellt. *Es gab eine – wenngleich sehr viel weniger antike – Emanation des höfischen Lebens […]. Ich mußte sie noch einmal goutieren, wie einen abgelagerten Duft.*[96] Man existiert hier nur aus zweiter Hand, es gibt keine Originalität. Proust sieht sich selbst gern als ein Nachfahre des Herzogs von Saint-Simon und seiner «Mémoires». Doch dieser analysierte und kritisierte das Leben am Hof Ludwigs XIV. in der Absicht zu zeigen, dass der alte Adel wieder in seine politischen Rechte eingesetzt werden müsste, die der absolute Monarch ihm genommen hatte, als er ihn zum Hofadel degradierte. Für Prousts aristokratische Zeitgenossen stellt sich diese Frage nicht mehr, es gibt keine Rückkehr zum Ancien Régime. Daher ist es auch unerheblich, ob sie politische Überzeugungen und Ziele haben oder nicht. Allerdings denken sie in der Regel antirepublikanisch, und sie geben sich in der Dreyfus-Affäre als Gegner des jüdischen Hauptmanns aus, um wie Charlus den Gesprächspartner zu provozieren, oder sie wechseln die Fronten wie Saint-Loup, wenn es ihnen opportun erscheint.

Eine kulturtragende Rolle wie die Salons der Madame de Rambouillet und der Madame de Sablé im 17. Jahrhundert haben sie auch nicht mehr. Die Konversation initiiert keine literarischen und künstlerischen Neuerungen wie in der Epoche der Klassik. Die Unkenntnis der Adligen im Hinblick auf die neuesten Entwicklungen der Kunst liegt auf der Hand. Zwar sammeln die Guermantes die Gemälde des zeitgenössischen Malers Elstir, aber Verständnis für seine künstlerische Leistung haben sie nicht.

Der Erzähler nimmt an der Konversation nur selten teil, er trägt keine eigenen Meinungen vor. Er bewegt sich durch die Salons wie der Flaneur durch die Metropole: Er beobachtet und registriert, sein Bewusstsein gleicht einem Kaleidoskop, das die wahrgenommenen Phänomene der Umwelt mit ihren unterschiedlichen Facetten gebrochen wiedergibt. Gleichwohl gerät ihm die Darstellung immer häufiger zur Satire, nicht indem er Partei ergreift, sondern scheinbar objektiv die Personen sich selbst darstellen und auf diese Weise demaskieren lässt. Über weite Strecken reproduziert er kommentarlos die Reden der Figuren, manchmal lässt er unterschiedliche Dialoge gleichzeitig ablaufen, die sich dann überlagern und auf diese Weise komische Effekte hervorbringen. Man kann leicht verstehen, dass Prousts adlige Freunde verstimmt und befremdet reagiert haben, als sie erkannten, wie schonungslos er ihre Welt karikiert, obwohl sie ihn doch für einen Bewunderer hielten, der ihnen dankbar sein musste für das Privileg der Freundschaft, das sie ihm gewährten.

Was aber gewinnt Marcel dadurch, dass er diese Welt frequentiert hat? Er bezeichnet sich selbst als einen Archäologen. Eine seiner Aufgaben sieht er darin, eine Art Vor- und Frühgeschichte der Entstehung gesellschaftlicher Mentalitäten zu schreiben, und dies lässt sich hervorragend am Beispiel der Aristokratie verwirklichen, denn: *Die Welt des Geldes kennt nicht die alten Bräuche.* Doch damit nicht genug: Marcel lernt, soziale Codes zu entziffern, und

der adlige Code ist eine Art Sonderidiom, das man nicht ohne Ein-
übung zu verstehen mag. *Aber Sie sind uns ebenbürtig, wenn nicht
gar mehr, schienen die Guermantes mit all ihren Verhaltensweisen zu sagen; und sie sagten es auf die netteste Art, die man sich vorstellen kann,
damit man sie liebte und bewunderte, ihnen aber keinen Glauben schenkte; daß man den fiktiven Charakter dieser Liebenswürdigkeit verstand,
das nannten sie wohlerzogen zu sein; die Liebenswürdigkeit für wirklich
zu halten war schlechte Erziehung.*[97]

Anzumerken bleibt, dass der Erzähler Marcel nicht nur die
aristokratischen Salons entmythisiert, sondern auch die bürgerlichen. Dies geschieht am Beispiel des *petit clan* der Verdurin. Zwar
nimmt dessen *Hausherrin* für ihren Salon in Anspruch, dort gelte
anders als bei den Adligen *der Eigenwert, der persönlich Beitrag, was
ich die Partizipation nenne*[98], doch im Grunde gilt hier nur eines: die
Meinung der Madame Verdurin. Gern gibt man sich liberal, kennt
die neuesten Tendenzen in Kunst und Literatur, man fördert zum
Beispiel den noch weitgehend unbekannten Komponisten Vinteuil, doch die tatsächliche Bedeutung seiner Musik bleibt uner-
kannt.

Proust interessiert sich nicht für die Oberflächenphänomene
der Politik, die ihm die aktuellen Ereignisse präsentieren, sondern
für die untergründigen Wandlungsprozesse. So ist die Dreyfus-
Affäre für ihn nur Thema, weil sie die grundlegenden Überzeugungen und Haltungen der Zeitgenossen zur Erscheinung bringt. Ähnliches gilt für den Weltkrieg. Der Erzähler ergreift weder für noch
gegen den Krieg Partei, vielmehr will er zeigen, wie der Krieg die
gesellschaftlichen Umwälzungen, den endgültigen Zusammen-
bruch der alten Ordnung und ihrer für unumstößlich gehaltenen
moralischen Werte wenn nicht verursacht, so doch beschleunigt
oder überhaupt erst sichtbar werden lässt. Als der Erzähler mitten
im Krieg aus dem Sanatorium in die Metropole zurückkehrt, findet
er gleichsam seine Zeit, seine Epoche wieder. Die Kriegszeit betrachtet er nicht isoliert, sondern sieht sie in der Kontinuität eines
Prozesses, der längst schon begonnen hat und sich später vollendet, als er wiederum nach einem langen Aufenthalt in einer Heil-
stätte ein letztes Mal nach Paris kommt, um an der Matinee Guermantes teilzunehmen. Es ist dies die endgültige Abdankung des
Adels als einer gesellschaftlich relevanten Klasse.

Um dieses Phänomen sichtbar zu machen, bedient sich Proust eines alten romanesken Schemas: der Mesalliance. George Sand hat es in ihren Sozialromanen der 1840er Jahre benutzt, um zu zeigen, wie durch die Verbindung zwischen Damen aus den höheren Schichten und Männern aus dem Volk eine Art Verschmelzung der Klassen entstehen könnte, die Impulse für gesellschaftliche Erneuerung zu geben vermag. Gegen Ende der *Recherche* häufen sich in auffälligem Maß jene Verbindungen zwischen Adligen und Bürgerlichen, die früher als Mesalliancen gegolten hätten. Vor allem die Matinee Guermantes (*Die wiedergefundene Zeit*) enthüllt diesen sozialen Wandel. Mögen Namen und Titel auch geblieben sein, sie werden von anderen Personen getragen. Fürstin Guermantes, so muss der Erzähler einen Freund belehren, ist nun nicht mehr jene stolze Herrin, die am entschiedensten die Privilegien des Adels verteidigen zu müssen glaubte, sondern jene bürgerliche und häufig vulgäre Madame Verdurin: Nach kurzer Ehe mit dem Herzog Duras hat sie in das Geschlecht der Guermantes eingeheiratet und bewahrt es vor einer finanziellen Katastrophe. Die Tochter der Madame de Forcheville, so heißt es, hat inzwischen Saint-Loup, den Herzog von Châtellerault, geheiratet, ebenfalls ein Mitglied des Hauses Guermantes. Doch hinter dem Namen Madame de Forcheville verbirgt sich niemand anderes als Odette, die nach dem Tod Swanns die Ehe mit ihrem ehemaligen Geliebten eingegangen ist. Auf diese Weise wird auch Gilberte, Enkelin eines jüdischen Börsenmaklers und Tochter der Exkurtisane Odette, in das Haus Guermantes aufgenommen. Mademoiselle d'Oléron, so ist zu erfahren, hat Monsieur de Cambremer geheiratet, eine Eheschließung, so scheint es, unter reinen Aristokraten. Doch Mademoiselle d'Oléron ist die Nichte des Plebejers Jupien, die der Baron Charlus adoptiert hat, und Monsieur de Cambremer stammt aus der Verbindung zwischen einer Adligen und einem Bürgerlichen, Monsieur Legrandin, der sich selbst den pseudoaristokratischen Titel Legrandin de Méséglise zugelegt hat. Es kann nicht verwundern, dass die Mutter des Erzählers, eben weil sie einer anderen Generation angehört, einer solchen sozialen Promiskuität verständnislos gegenübersteht. Haben die Bürgerlichen durch diese Heiraten nun gefunden, wonach sie so lange suchten? Die Adelstitel, die den kleinen Marcel aufgrund ihrer poetischen und mythischen Qualität faszinierten, sind nur mehr leere Hülsen, Formen ohne Inhalt. Es ist, als wolle Proust noch einmal die bürgerliche Revolution in Szene setzen, die Entmachtung des Adels durch die Bourgeoisie, doch diesmal nicht als Tragödie, sondern als Farce in Form einer grotesken Familiensaga. Das Ganze sei eine Art Berlitz-School, meint wohlwollend die amerikanische Freundin Blochs, die ihrerseits mit einem Grafen de Farcy (welch ein Name!) verheiratet ist. Ähnlich wie bei Balzac ergreift auch bei Proust die Bourgeoisie Besitz von der Aristokratie, aber es ist schon nicht mehr ein Bürgertum, das sich durch Industrie und Handel aktiv die Welt aneignet, sondern – wie einst der untergehende Adel – ebenfalls eine parasitäre Klasse, mehr an Namen als an Realitäten, mehr am Schein als am Sein interessiert. Und dies gilt auch für das jüdische Bürgertum. Bloch, der einst den jungen Marcel in die Literatur einführte, der sich freilich schon immer durch sein Schwanken zwischen Aufbegehren und Anpassung auszeichnete, legt nun seinen jüdischen Namen ab, als wolle er seine eigene Herkunft verleugnen. Er nimmt den Namen Jacques du Rozier an, und in dieser Umbenennung liegt die ganze Ironie des Autors, ist doch die Rue des Rosiers eine der historischen Straßen im jüdischen Viertel des Pariser Marais.

In der *Recherche* bleibt eigentlich nur eine einzige aktive Person übrig: der Plebejer Jupien, der schließlich alle Intrigen steuert und es versteht, die Mitmenschen als Instrumente seines eigenen Aufstiegs zu benutzen. Er verkörpert gleichsam die nach der Herrschaft greifende unterste Klasse der Gesellschaft. Der Erzähler verfolgt seinen Weg mit Abscheu und Bewunderung zugleich. Vielleicht erinnert sich der Leser der *Recherche* an ein Bild, das der Erzähler aus Anlass seines ersten Besuchs in Balbec verwendet hat (*Im Schatten junger Mädchenblüte*). Der lichterfüllte Speiseraum des

Ein Treffpunkt von Aristokraten und Bürgern: der Speisesaal des Grand Hôtel in Cabourg, ein Modell für das fiktive Balbec

Hotels, an dessen Fenstern die Arbeiterbevölkerung sich die Nasen platt drückt, um das Luxusleben zu betrachten, wird in seiner Phantasie zu einem Aquarium, in dem sich seltsame Fische und Mollusken tummeln, und er schließt mit der Bemerkung: *Die große soziale Frage ist, ob die Glaswand immer das Fest der Wundertiere umhegen wird oder ob nicht die unbekannten Leute, die in der Nacht gierig etwas zu erhaschen suchen, eines Tages kommen, sie aus dem Aquarium holen und verspeisen werden.*[99] Am Ende des Romans hat die Bourgeoisie den Adel «verschlungen», doch es scheint nur eine Frage der Zeit, bis sie ein ähnliches Schicksal ereilen wird.

Apokalyptische Gewaltvisionen gesellschaftlicher Umwälzungen sind schon in der französischen Romanliteratur des 19. Jahrhunderts von Hugo bis Zola häufig anzutreffen. Proust bedient sich noch einmal der mittelalterlichen Allegorie (die großen Fische fressen die kleinen), allerdings kehrt er sie um. So betrachtet ist die Matinee Guermantes auch ein Abgesang auf eine verlorene Zeit gesellschaftlichen Lebens, die nicht wiederkehren wird. Eine kleine Hoffnung, so lassen sich die Worte des Erzählers deuten, ruht allenfalls auf einer Person, deren Name bezeichnenderweise nicht genannt wird, es ist die Tochter von Gilberte und Saint-Loup. Sie verkörpert gewiß die verlorenen Hoffnungen Marcels; zugleich ist sie das einzige Beispiel dafür, dass eine Verbindung über die Klassenschranken hinweg vielleicht doch die Aussicht auf eine andere, bessere Zukunft eröffnen könnte.

## ERLÖSUNG DURCH DIE KUNST?
## MALEREI, MUSIK UND LITERATUR

Sieht man einmal von Romain Rollands «Jean-Christophe» (1904–12) ab, der die Biographie eines fiktiven Komponisten erzählt, so ist Prousts *Recherche* jenes Werk, das sich in der französischen Literatur des frühen 20. Jahrhunderts am ausführlichsten der Problematik von Kunst und Künstler zuwendet. Wenngleich dieses Thema auch in der Epoche Balzacs und Stendhals der Erzählliteratur nicht völlig fremd war, erfährt es doch erst im ausgehenden 19. Jahrhundert wachsende Bedeutung. Dies mag damit zusammenhängen, dass Literatur und Kunst immer grundsätzlicher über ihre eigenen Voraussetzungen reflektieren und sich nicht mehr mit den traditionellen Antworten etwa der klassischen Nachahmungsästhetik begnügen wollen. Es erscheint jenes Phänomen, das André Gide «mise en abyme» genannt hat: Der Roman spiegelt sich in sich selbst, in seiner Ganzheit oder in einzelnen Teilen, er wird zum Roman des Romans. Nun beschreibt die *Recherche* weniger als etwa Gides «Falschmünzer» (1925) die Entstehung eines Romans als vielmehr die Geschichte einer literarisch-künstlerischen Berufung. Bevor sich Marcel am Ende zu dieser *vocation* bekennt und den Entschluss fasst, ein Werk zu schreiben, bedarf es eines jahrzehntelangen Entwicklungs- und Reflexionsprozesses, der einerseits die Desillusionierung über zwischenmenschliche und gesellschaftliche Beziehungen, andererseits aber auch die Entdeckung der Möglichkeiten künstlerischen Schaffens einschließt. Dabei spiegeln die anderen Künste – wie Malerei, Architektur, Musik, Theater, ja selbst die Mode[100] – das literarische Schaffen, wenngleich auch immer leicht verfremdend, und fiktive Künstler wie der Schriftsteller Bergotte, der Maler Elstir, der Komponist Vinteuil und die Schauspielerin Berma antizipieren den Weg des Erzählers Marcel.

Von frühester Jugend an begleitet ihn das Beispiel Bergottes, in dem man die Gestalt des Anatole France wieder zu erkennen glaubte, doch die Frage nach den Modellen in der Wirklichkeit ist letztlich unerheblich. Marcel ist enttäuscht, als er dem berühmten Schriftsteller begegnet. Er entspricht in keiner Weise dem Bild, das Marcel sich bei der Lektüre seiner Romane von ihm gemacht hat. Hier exemplifiziert der Autor zum ersten Mal in der *Recherche* seine Auffassung, dass die Originalität künstlerischen Schaffens in keinem Kausalverhältnis zur gesellschaftlichen Persönlichkeit des Autors steht. Gleichwohl erkennt Marcel eine Ähnlichkeit zwischen der eigenartigen Sprechweise Bergottes, die dieser in den Salons pflegt, und dem Rhythmus der Sprache, der seine Werke auszeichnet. Dieser *accent*, der im Text nicht notiert werden kann, ist zugleich das Flüchtigste und das Tiefste bei diesem Schriftsteller, er zeugt von seiner wahren Natur gegen allen äußeren Schein. Denn Bergotte ist keineswegs ein nach herkömmlicher Moral vorbildlicher Mensch. *Vielleicht,* so der Erzähler, *kann nur in einem lasterhaften Leben das moralische Problem mit aller beängstigenden Schärfe gestellt werden. […] Und häufig bedienen sich die großen Künstler, obwohl sie doch gänzlich schlecht sind, ihrer Laster,*

*um dahin zu gelangen, eine moralische Regel für alle zu entwerfen.*[101]
Nur dürftig verbirgt sich hinter solchen Sätzen die künstlerische
Selbstrechtfertigung eines Marcel Proust.

Doch Bergotte verliert im Lauf der Zeit seine Originalität und
wird damit als Künstler für Marcel uninteressant. Sein Tod indessen stößt noch einmal die Reflexion des Erzählers an. Schon
schwer krank besucht Bergotte eine Ausstellung des niederlän-
dischen Malers Jan Vermeer, und die Betrachtung des Gemäldes
«Ansicht von Delft», die Entdeckung eines bisher nicht erkannten
Details, des *petit pan de mur jaune* (*des gelben Stückchens Mauer*) lässt
ihn über sein eigenes Werk und sein schließliches Scheitern nach-
denken. Der Imperativ seines Schaffens hätte lauten müssen: *Meinen Satz in sich selbst wertvoll zu gestalten* (*rendre ma phrase en elle-
même précieuse*)[102], eine dunkel erscheinende Bemerkung, die wohl

Ansicht von Delft. Gemälde von Jan Vermeer, gen. Vermeer van
Delft, 1660. Dieses Bild, das Proust besonders geliebt hat, wird
auch zum Modell literarischen Schaffens. Den Haag, Mauritshuis

darauf hinweisen soll, dass die künstlerische Qualität eines Textes nicht allein in seiner rationalen Aussage, sondern in seinem gleichsam musikalischen Charakter begründet liegt. Bedeutsamer jedoch mögen die Erkenntnisse sein, die der Erzähler dem Leben Bergottes abgewinnt. Das physische *Vergnügen* (*plaisir*), so heißt es nun, da noch einmal der unmoralische Charakter der Existenz Bergottes hervorgekehrt wird, sei für das künstlerische Schaffen von Nutzen, weil es das schöpferische Individuum vom gesellschaftlichen Leben entferne und schließlich eine *geistige Maschine* in Gang halte, die von einem bestimmten Alter an zum Stillstand neige. Künstlerisches Schaffen als Sublimierung sexuellen Begehrens? Einmal mehr kommt Proust der Freud'schen Psychoanalyse sehr nahe.

Gleichwohl handelt der Künstler auch gegen jeden Augenschein nach strengen moralischen Prinzipien, die, dem kategorischen Imperativ Kants vergleichbar, nahezu metaphysischen Charakter annehmen, denn es scheine, so der Erzähler, als gehörten die Verpflichtungen, denen sich der Künstler unterwirft, einer anderen Welt an, *gegründet auf Güte, Skrupel, Opferbereitschaft, einer von unserer Welt gänzlich verschiedenen, aus der wir kommen, um auf diese Erde geboren zu werden, bevor wir vielleicht wieder dahin zurückkehren, um erneut unter der Herrschaft dieser unbekannten Gesetze zu leben, denen wir gehorcht haben, weil wir ihre Lehre in uns trugen*[103]. Christliche Jenseitsvorstellungen vermischen sich mit platonischen Auffassungen von einem transzendenten Reich der Ideen, das der Ursprung des Guten ebenso wie des Schönen und Wahren ist. Ähnlich wie die Metaphysik Kants reduziert sich allerdings der Proust'sche Idealismus auf eine pure Hypothese, wobei der Erzähler der *Recherche* den ethischen Imperativ aus einem ästhetischen ableitet: Im künstlerischen Schaffen manifestiert sich eine Moralität, die in den alltäglichen zwischenmenschlichen und den gesellschaftlichen Beziehungen nicht existiert. Der Gedanke, Bergotte sei nicht für immer gestorben, ist für den Erzähler nun nicht mehr unwahrscheinlich: Wenn die Bücher des Autors in erleuchteten Schaufenstern ausgestellt werden, so erscheint ihm dies wie ein Symbol seiner Auferstehung.

Die zeitgenössische Malerei wird am Beispiel Elstirs in *Im Schatten junger Mädchenblüte* zum Exempel für künstlerisches

Schaffen. Proust orientiert sich dabei am Impressionismus, der noch zu Beginn des 20. Jahrhunderts längst nicht allgemein akzeptiert ist, sondern nach wie vor das große Publikum schockiert. Diesen Stil kennzeichnet es, den Gegenstand in Licht- und Farbeffekte aufzulösen, man könnte auch sagen, in Momente oder Augenblicke zu zerlegen. Der Schwerpunkt der Malerei liegt nicht mehr so sehr auf dem wahrgenommenen Objekt, sondern auf dem wahrnehmenden Subjekt. Als der Erzähler die Gelegenheit erhält, das Atelier Elstirs zu besuchen, erscheint es ihm wie *ein Laboratorium einer Art neuen Erschaffung der Welt*. Als Beispiel dient ihm das Gemälde *Der Hafen von Carquehuit*.[104] Was dem Betrachter ins Auge fällt, ist die eigenartige Verwischung der Grenze zwischen Land und Wasser: Der Hafen wird Meer und das Meer wird Stadt. Der Maler verwendet, so heißt es, maritime Termini, um die Stadt, und urbane Ausdrücke, um das Meer zu «beschreiben». Der Erzähler nennt ein solches Verfahren Metapher, womit er auf die ursprüngliche Bedeutung des Wortes zurückgeht: Elemente eines Wirklichkeitsbereichs werden auf einen anderen «übertragen». Traditionell ist die Verwendung des Begriffs Metapher auf die Wortkunst beschränkt, wenn Proust sie auf die Malerei ausdehnt, so will er damit andeuten, dass alle Künste korrespondieren. Dies heißt auch: Die Kunst realisiert, was in der alltäglichen Realität immer seltener geschieht, sie macht die Kommunikation zwischen verschiedenen gegeneinander abgedichteten Lebensbereichen möglich.

Zugleich wird die impressionistische Kompositionsweise zum Vorbild für die Techniken des Schreibens. Da die *Recherche* nicht nur ästhetische Probleme reflektiert, sondern immer schon selbst Kunstwerk ist, kann es nicht verwundern, dass eine Reihe von Textpassagen nach den Prinzipien der impressionistischen Verfahren in der Gestalt von Prosagedichten komponiert sind. Sie werden zumeist auch vom Erzähler selbst als *tableaux* bezeichnet. Dazu zählt u. a. die Passage über den Seerosenteich (*Unterwegs zu Swann*), die unverkennbar an Monet erinnert, die wiederholten und zugleich unterschiedlichen Blicke aus dem Hotelfenster auf die Küstenlandschaft von Balbec, wobei das Fenster als eine Art Bildrahmen fungiert, schließlich auch der Blick aus dem fahrenden Eisenbahnzug, dessen Fortbewegung die Landschaft mal in noch nächtlichem Dunkel, mal im Licht des Tagesanbruchs erscheinen lässt. Das literarische Landschaftsbild unterscheidet sich freilich vom gemalten Bild dadurch, dass es sich in der Zeit entfaltet und nicht im Raum. In der impressionistischen Malerei kann die Kontinuität des Gegenstands durch das Nebeneinander von Wahrnehmungsmomenten dargestellt werden. In der Literatur jedoch stellt eine solche Abfolge die Permanenz des Gegenstands in Frage. Und dies wird umso problematischer, wenn der ‹Gegenstand› eine Person ist. Albertine zum Beispiel kann Motiv eines impressionistischen Landschaftstableaus sein, wie in der Darstellung der Schlafenden (*Die Gefangene*), doch als Person, die eine Biographie hat, ist sie mit diesem Verfahren nicht fassbar. Auch daher rührt vielleicht die Erkenntnis, dass es ebenso viele Albertinen gibt wie Augenblicke, in denen sie von Marcel wahrgenommen wird. Warum sie dennoch ein und dieselbe Person ist, wird nur erklärbar, wenn man sie als subjektive Projektion des Betrachtenden begreift.

Wie zahlreich in der *Recherche* die Verweise auf die bildende Kunst auch sein mögen, der Musik kommt doch eine privilegierte Stellung zu. Die Opern Richard Wagners dienen häufiger als Bezugspunkte, vor allem aber die späten Streichquartette Beethovens – insbesondere op. 131 und 132 – haben nachhaltig Prousts Musikauffassung geprägt. In der *Recherche* jedoch sind es zwei Werke des fiktiven Komponisten Vinteuil, die eine exemplarische Funktion haben: die Violinsonate (*Eine Liebe von Swann*) und das Septett (*Die Gefangene*).

Der Ausgangspunkt ist in beiden Fällen die Liebesleidenschaft. Sowohl Swann als auch der Erzähler Marcel projizieren ihre Gefühle und ihre Sehnsüchte in die Musik, die zunächst wie eine andere Realisierung ihres Glücksverlangens wahrgenommen wird. Für Swann ist das kleine Motiv der Violinsonate, *la petite phrase*, die *Nationalhymne* seiner Liebe zu Odette. Als Marcel zum ersten Mal das Septett hört, tritt er in einen imaginären Dialog mit der abwesenden Albertine ein. Doch je mehr die Hörenden in die Musik eindringen, desto größer wird die Entfernung von ihrer realen Lebenssituation. Der Musikgenuss leitet eine Art Initiationsritus ein, der in die Tiefenschichten des Individuums und letztlich zu den Ursprüngen des Seins führt. Das Konzert selbst wird zu einer sakralen Handlung, auch wenn es lediglich in einem bürgerlichen oder aristokratischen Salon stattfindet, und das Podium, auf dem die Musiker spielen, verwandelt sich in einen Altar, vor dem sich eine übernatürliche Zeremonie vollzieht. Religiös-metaphysisch ist auch die Sprache, in der der Erzähler die Bilder beschreibt, die die Komposition in seiner Vorstellung evoziert. Wiederholt wird das Septett als ein Gebet bezeichnet, das vor einem *inneren Sonnenaufgang* emporsteigt[105], das Motiv endet schließlich in einer *unaussprechlichen Freude, die aus dem Paradies zu kommen scheint*[106]. Als der Erzähler später noch einmal über die Komposition reflektiert, beschreibt er sie wie ein spirituelles Erlebnis, das einer mystischen Meditation gleichkommt. In der Musik Vinteuils, so heißt es, gebe es Visionen, die auszudrücken unmöglich und zu betrachten nahezu untersagt sei. Die Musik repräsentiert gleichsam den Gestus der behütenden Zärtlichkeit schlechthin und übernimmt damit auch die Funktion des Gutenachtkusses der Mutter.

Proust hat sich bis in einzelne Formulierungen an der Philosophie Schopenhauers orientiert, der die Auffassung vertrat, die Musik sei nicht Abbild der Ideen, sondern Abbild des Willens selbst, des Dings an sich, und offenbare somit das innerste Wesen der Welt. Für Schopenhauer bedeutet die Musik Erlösung vom Leiden, allerdings nur eine vorübergehende, sie ist ein «Quietiv des Willens», für Proust hingegen ist sie der Beginn eines neuen Lebens. Seine Musikkonzeption verdankt sich gewiss der idealistischen Tradition, wenngleich er diesen Begriff nie benutzt. Der Erzähler der *Recherche* wendet sich, wie er sagt, gegen die materialistische – man müsste wohl eher sagen die positivistisch-szientistische – Auffassung seiner Epoche, die alles Geistige und Psychische auf Materielles und Physisches reduziert und als Wahrheit

**Arthur Schopenhauer (1788–1860):**
Der Komponist offenbart das innerste Wesen der Welt und spricht die tiefste Weisheit aus in einer Sprache, die seine Vernunft nicht versteht. [...] Das unaussprechlich Innige aller Musik, vermöge dessen sie als ein so ganz vertrautes und doch ewig fernes Paradies vorüber zieht, so ganz verständlich und doch so unerklärlich ist, beruht darauf, dass sie alle Regungen unseres innersten Wesens wiedergibt, aber ganz ohne die Wirklichkeit und fern ihrer Qual.
**Die Welt als Wille und Vorstellung** (I, III, 52)

nur akzeptiert, was sich durch Naturgesetze beweisen lässt. Zolas Naturalismus war die literarische Entsprechung dieser Theorie.

Proust wendet sich aber auch gegen den reinen Subjektivismus, für den die Welt nur eine Projektion des Individuums darstellt. In der Literatur galten Maupassant, Huysmans und Barrès als Repräsentanten einer solchen von Schopenhauer abgeleiteten Sichtweise. Wenn das Septett Marcel dazu veranlasst, über die *Realität der Kunst, die Realität, die Ewigkeit der Seele*[107] zu reflektieren (*Die Gefangene*), dann wird dieser Zusammenhang deutlich. Die Musik, so der Erzähler, erlaubt die Hypothese, dass das Geistige tatsächlich existiert, dass das Individuum Realität ist. Swann hat den Eindruck, die Sonate existiere wirklich, und sie macht ihm deutlich, dass es ein *but idéal*, ein Lebensziel jenseits der Entfremdung und der Desillusionierung der alltäglichen Existenz geben müsse. Die musikalischen Motive erscheinen ihm wie *Ideen, die einer anderen Welt angehören*. Ihr Realitätscharakter beweist sich ihm dadurch, dass er sie, obwohl sie ihm unbekannt sind, sogleich wiedererkennt. Zudem lässt sich aus ihrer Existenz fast eine Art Unsterblichkeitshypothese entwickeln, *mit ihnen hat der Tod etwas weniger Unrühmliches, vielleicht weniger Wahrscheinliches*[108]. Marcel glaubt, in Vinteuils Septett etwas anderes zu entdecken als das Nichts, das ihm in allen Vergnügungen und selbst in der Liebe begegnet ist.

Die Musik ist fähig, das spezifisch Individuelle auszudrücken, jene *Modulation des tiefsten Wesens, die innere und extreme Spitze der Empfindungen*[109], die zugleich jedoch etwas Allgemeines repräsentiert, eine Erinnerung daran, was die Sprache hätte sein können, wenn die Menschheit einen anderen Weg gegangen wäre: die Kommunikation der Seelen. Der Künstler als *Bürger* (*citoyen*) eines *verlorenen Vaterlands* (*patrie perdue*)[110] vermag das Wunder zu vollbringen, dass die Welt nicht mehr nur mit dem beschränkten Blick eines einzelnen Individuums, sondern mit den Augen der anderen wahrgenommen wird.

Die Musik ist gleichsam utopischen Charakters, sie enthüllt kontrafaktisch eine andere Realität, das Ganz Andere schlechthin, das sich weder aus der Biographie des Künstlers noch aus dem sozialen Kontext ableiten lässt. Im Salon Verdurin versteht offensichtlich niemand die Neuartigkeit und die Tiefe des Septetts, jeder Anwesende verfolgt mit dem Konzert eigene egoistische Interessen, und doch weist die Komposition weit über alle utilitaristischen Erwägungen hinaus. Die Kunst hat ihre eigene Moral jenseits des Verwertungsmechanismus einer Repräsentativ- und Eventkultur.

Nur die Musik oder die Kunst allgemein? Den Weg von der Tonkunst zur Literatur zu finden ist das Problem Marcels, hat er doch wiederholt die Überlegenheit der Musik gegenüber der Wortkunst betont, die das Unmittelbare, das Nichtanalysierte, gleichsam das Geheimnis des Lebens nicht direkt auszudrücken vermöge. Trotzdem eignen der Literatur Merkmale, über die die Musik nicht verfügt: die Fähigkeit der Reflexion und die Möglichkeit, umfassende Lebenszusammenhänge zu gestalten; vor allem vermag sie es, aus der Erinnerung eine neue Welt zu schaffen.

Am Ende kehrt der Roman zu seinem Anfang zurück, der Kreis schließt sich. Der Madeleine-Episode des Beginns entspricht jene Szene, da den Erzähler in dem Augenblick, als sein Fuß gegen das Pflaster im Hof des Hotels Guermantes stößt, ein übermächtiges Glücksgefühl erfasst. Einmal mehr ist es die unwillkürliche Erinnerung, die die Identität von Gegenwart und Vergangenheit erfahrbar macht, nun ist es der Besuch von San Marco in Venedig. Doch es handelt sich nicht um eine bloße Wiederholung dieses Erinnerungsphänomens, sondern um seine Vertiefung. Es zeigt sich nun, dass die *mémoire involontaire* nicht nur etwas Vergangenes auferstehen lässt, vielmehr eine Erfahrung vermittelt, die *von der Ordnung der Zeit befreit ist*, gleichsam *Zeit im Reinzustand* (*temps à l'état pur*) repräsentiert oder eine Art «absolute Zeit» (Deleuze). «Es ist nicht die Zeit, sondern die Ewigkeit, die wiedergefunden wird.»[III] Der Augenblick, da Vergangenheit und Gegenwart in einer Art Ekstase als identisch erfahren werden, enthüllt eine überzeitliche Realität. Proust hatte lange Zeit geplant, diesen Passagen den Titel *Adoration perpétuelle* (*Ewige Anbetung*) zu geben. Führt man diesen Begriff der christlichen Dogmatik auf seinen theologischen und philosophischen Kern zurück, so bedeutet er nichts anderes als die Kontemplation des Ewigen im Zeitlichen. Ähnlich wie in der Musikrezeption zeigt sich auch an diesem Punkt, der über die Konstruktion des gesamten Romans entschieden wird, dass Prousts Ästhetik letztlich metaphysisch begründet ist. Zu Recht hat Adorno in ihr «den unauslöschlichen Schatten des ontologischen Gottesbeweises» zu erkennen geglaubt.[112]

Allein diese Fundierung macht es möglich, einen Roman über die zerstörerische Gewalt der Zeit zu verfassen. Die Erfahrung, von ihrer Herrschaft befreit zu sein, die sich gleich zweimal ereignet, sowie der umfassende Exkurs, der der Ästhetik Marcels gewidmet ist, erscheinen zu einem Zeitpunkt, da der Roman in unzusammenhängende Fragmente auseinander zu brechen droht. Der Besuch bei Gilberte in Tansonville bringt keineswegs die Vergangenheit zurück, der Erzähler betrachtet sie vielmehr mit melancholischer Gleichgültigkeit. Auch ist er nicht fähig, die Ereignisse des Weltkriegs zu verstehen und sie von einem übergeordneten Prinzip her zu deuten, er präsentiert lediglich kommentarlos die Ansichten verschiedener Personen. Und die Matinee Guermantes schließlich führt ihm alte Freunde und Bekannte vor, die wie Masken ihrer selbst anmuten. Nicht der wiederholte Aufenthalt in einem Sanatorium heilt ihn, sondern die Erfahrung des ewigen Augenblicks, *jene Kontemplation, die zwar flüchtigen, doch ewigen*

Die Matinee Guermantes erinnert Marcel noch einmal an die Zeit, die er in den Kreisen des Adels vertan hat. Szene aus dem Film «Die wiedergefundene Zeit» von Raoul Ruiz, 1999

143

*Charakters* ist. Sie erlaubt ihm, durch den Schein hindurch in das Wesen der Dinge einzudringen. In diesem Sinn kann der Erzähler behaupten, die Literatur allein sei das wahrhaft gelebte Leben. *Nur durch die Kunst vermögen wir aus uns selbst herauszutreten und uns dessen bewußt zu werden, wie ein anderer das Universum sieht. […] Dank der Kunst verfügen wir, anstatt nur eine einzige Welt – die unsere – zu sehen, über eine Vielzahl von Welten, d. h. über so viele Welten, wie es originelle Künstler gibt.*[113] Vor allem aber soll der Satz gelten, die Kunst verstehe uns besser, als wir uns selbst verstehen, und so macht uns die Lektüre zu *Lesern unserer selbst*. Denn es gibt eine Kommunikation zwischen dem rein Individuellen und dem Allgemeinen: Die Kunst enthüllt eine Realität, die sowohl das Ich als auch das Wir fundiert. Daher ist der Künstler nicht der absolute Erfinder eines neuen Textes, sondern der *Übersetzer* (*traducteur*) eines Kontextes, in den beide, Autor und Leser, verwoben sind.

Proust – oder genauer der Erzähler – ist ein erklärter Gegner jeder Instrumentalisierung von Literatur zu moralischen und sozialen Zwecken, ein Gegner ebenso jeder – wie er es nennt – *kinematographischen Sicht* der Realität. Gleichwohl zielt auch seine

Ästhetik auf die Integration von Kunst in die zwischenmenschliche und gesellschaftliche Praxis. Und insofern ist sie durchaus
den Intentionen der Surrealisten verwandt. Allerdings bewegt
sich Prousts Ästhetik auf einem sehr schmalen Grat: Sie droht,
eben weil ihr die geschichtsphilosophische Basis fehlt, zur puren
Illusion zu werden. Es ist, als wolle sich die idealistische Tradition
noch einmal am eigenen Schopf aus der Misere ziehen. Wenn das
wahre Leben nur noch in der Kunst existiert, dann wird es alsbald
gar nicht mehr existieren, und die Kunst verliert damit ihre Legitimation, so die Erkenntnis Jean-Paul Sartres einige Jahrzehnte nach
Proust.[114] Denn, wie Adorno bemerkte, «es gibt kein richtiges Leben im falschen»[115], jedenfalls auf Dauer nicht.

# ANMERKUNGEN

Die im Original französischen Zitate sind in der Regel vom Verfasser ins Deutsche übertragen worden. Dies gilt auch für eine Reihe von Textstellen aus der *Recherche* und anderen Werken Prousts. Ein solches Vorgehen soll in keiner Weise das Verdienst der Übersetzer schmälern, es entspricht lediglich der Erkenntnis, dass nahezu alle Texte Prousts im Hinblick auf Satzkonstruktion und Vokabular mehrdeutig sind, die Interpretation demgemäß häufig von der Entscheidung für eine bestimmte Übersetzungsvariante abhängt.

Die Anmerkungen verweisen auf die französische Ausgabe von J.-Y. Tadié u. a. sowie die revidierte Übersetzung von Eva Rechel-Mertens und Luzius Keller. Auf die Titel der einzelnen Bände dieser Edition beziehen sich auch die im Text genannten Teile der *Recherche* («Unterwegs zu Swann» etc.). Die in Kurzform zitierten Titel finden sich in der Bibliographie.

1 Tadié 1996, S. 11
2 Péchenard 1999, S. 375
3 Corr. XVII, S. 175
4 Duchêne 1994, S. 32 ff.
5 NRF 1923, S. 24
6 Ebenda
7 Corr. I, S. 123 f.
8 Dreyfus 2001, S. 31 ff.
9 Vgl. Maurois 1949, S. 51 f.
10 Corr. I, S. 176
11 Vgl. Gregh 1958, S. 173
12 Bardèche 1971, I, S. 46
13 Maurois 1949, S. 81
14 Gide in NRF 1923, S. 110
15 Barrès 1925, I, S. 43 ff.
16 Vgl. Benbassa 1997, S. 205–224
17 Vgl. Charles Christophe: Champ littéraire et champ du pouvoir: Les écrivains et l'affaire Dreyfus. In: Annales. Économies, Sociétés, Civilisations, 32$^e$ année, No 2 mars-avril 1977, S. 240–264.
18 Vgl. dazu Jurt Joseph: Politisches Handeln und ästhetische Transposition – Proust und die Dreyfusaffäre. In: Marcel Proust – Lesen und Schreiben, 2. Publikation der Marcel-Proust-Gesellschaft, Frankfurt a. M. 1983, S. 85–106
19 Jean Santeuil 1971, S. 36
20 Jean Santeuil 1952, II, S. 126; Üb. 1992, II, S. 870
21 Ebenda III, S. 131; Üb. 1992, II, S. 876
22 Ebenda III, S. 285; Üb. 1992, II, S. 1033
23 Ebenda III, S. 287; Üb. 1992, II, S. 1035
24 Ebenda III, S. 333 f.; Üb. 1992, II, S. 1070 f.
25 In der Ausgabe von 1952
26 Henry 1981, S. 130
27 Bardèche 1971, I, S. 124
28 Vgl. Corr. II, S. 32
29 Vgl. dazu Raimond / Fraisse 1989, S. 17
30 Corr. II, S. 450
31 Contre Sainte-Beuve 1971, S. 467 f.
32 Tadié 1996, S. 420
33 Contre Sainte-Beuve 1971, S. 140; Üb. Werke I, Band 2 1989, S. 193
34 Vgl. Duchêne 1994, S. 458 ff.
35 Corr. III, S. 447
36 Corr. V, S. 301
37 Corr. V, S. 348
38 Corr. VI, S. 208
39 Albaret 1973, S. 167
40 Contre Sainte-Beuve 1971, S. 157; Üb. Werke I, Band 2 1989, S. 216
41 Gimpel 1963, S. 194 ff.
42 Contre Sainte-Beuve 1965, S. 13
43 Corr. VIII, S. 112 f.
44 Ebenda, S. 320
45 Corr. IX, S. 155 ff.
46 Contre Sainte-Beuve 1965, S. 157
47 Bardèche 1971 II, S. 220
48 Tadié 1996, S. 625 f.
49 Corr. XI, S. 241
50 Zu dem Begriff «Intermittences du cœur» siehe Anm. 78
51 Tadié 1971 a, S. 10 f.
52 Tadié 1996, S. 686
53 Vgl. Lhomeau / Coelho 1988, S. 111
54 Corr. XII, S. 176
55 Vgl. dazu Tadié 1971 a, S. 18 f.

56 Vgl. Duchène 1994, S. 530 und Tadié 1996, S. 559
57 Corr. XVII, S. 175 f.
58 Albaret 1973, S. 29 f.
59 Ebenda, S. 267
60 Ebenda, S. 328
61 Ebenda, S. 240
62 Bonnet 1985, S. 79 f.
63 Gide 1954, S. 1223
64 Albaret 1973, S. 240
65 Bernard 1975, S. 67 ff.
66 Zitiert nach Erman 1994, S. 200
67 Corr. XVII, S. 448
68 Essais et articles 1994, S. 302. Im Französischen wird die Identität von Frau und Tod durch dasselbe Genus unterstrichen.
69 Albaret 1973, S. 403
70 Ebenda, S. 286
71 Ebenda, S. 425
72 Ebenda, S. 431
73 Corr. XIV, S. 218
74 Martin du Gard 1957, S. 263 f.
75 Albaret 1973, S. 433
76 Ebenda, S. 377
77 Tadié 1998, S. 67
78 Der kaum übersetzbare Terminus wird im Deutschen fälschlich mit «Arhythmien» oder «Anfälligkeiten des Herzens» wiedergegeben.
79 Eine Ausnahme bildet lediglich die Episode «Eine Liebe von Swann» im ersten Teil der «Recherche».
80 Recherche I, 1987, S. 366; Üb. 2002, I, S. 538
81 Recherche II, 1988, S. 189; Üb. 2002, II, S. 585 f.
82 Recherche I, 1987, S. 375; Üb. 2002, I, S. 552
83 Recherche I, 1987, S. 575; Üb. 2002, II, S. 228
84 Recherche II, 1987, S. 248; Üb. 2002, II, S. 674
85 Recherche II, 1988, S. 299; Üb. 2002, II, S. 749
86 Warning 2000, S. 82 f.
87 Recherche II, 1988, S. 279; Üb. 2002, II, S. 720
88 Deleuze 1996, S. 16
89 Recherche III, 1988, S. 614; Üb. 2002, V, S. 147
90 Recherche IV, 1989, S. 86; Üb. 2001, VI, S. 106
91 Recherche IV, 1989, S. 137; Üb. 2001, VI, S. 211
92 Recherche II, 1988, S. 28; Üb. 2002, II, S. 346
93 Deleuze 1996, S. 99
94 Die genaue Formulierung lautet: «Il dit n'avoir jamais aimé les femmes que spirituellement et n'avoir connu l'amour qu'avec des hommes.» (Journal I, S. 543)
95 Recherche III, 1988, S. 414; Üb. 2002, IV, S. 625 f.
96 Recherche II, 1988, S. 711; Üb. 2002, III, S. 587
97 Recherche III, 1988, S. 62; Üb. 2002, IV, S. 96 f.
98 Recherche III, 1988, S. 302; Üb. 2002, IV, S. 455
99 Recherche II, 1988, S. 41 f.; Üb. 2002, II, S. 365 f.
100 Das Thema Mode wird ausführlich behandelt in: Voß 2001
101 Recherche I, 1987, S. 548; Üb. 2002, II, S. 191
102 Recherche III, 1988, S. 692; Üb. 2002, V, S. 263
103 Recherche III, 1988, S. 693; Üb. 2002, V, S. 263 f.
104 Recherche II, 1988, S. 190 ff.; Üb. 2002, II, S. 587 ff.
105 Recherche III, 1988, S. 559; Üb. 2002, V, S. 363
106 Recherche III, 1988, S. 764 f.; Üb. 2002, V, S. 370
107 Recherche III, 1988, S. 876; Üb. 2002, V, S. 535
108 Recherche I, 1987, S. 345; Üb. 2002, I, S. 507
109 Recherche III, 1988, S. 876; Üb. 2002, V, S. 536. Die französische Formulierung «l'inflexion de l'être» ist doppelsinnig, insofern «être» sowohl das Einzelwesen (Individuum) als auch das Sein schlechthin bezeichnen kann.
110 Recherche III, 1988, S. 761 f.; Üb. 2002, V, S. 364 ff.
111 Picon 1995, S. 186
112 Adorno 1963, S. 108
113 Recherche IV, 1989, S. 474; Üb. 2002, VII, S. 301
114 Vgl. Sartre: Les mots, 1964
115 Adorno 1969, S. 42

**1870/71**  Deutsch-französischer Krieg, Belagerung von Paris, Ende des II. Kaiserreichs und Ausrufung der III. Republik (4. September 1870); Bürgerkrieg in Paris, Blutwoche (Mai 1871); Friedensvertrag von Frankfurt (Abtretung Elsass-Lothringens an Deutschland).
Heirat (3. September 1870) des Arztes Adrien Proust (geb. 1834) und der Jeanne Weil (geb. 1849)

**1871**  10. Juli: Geburt ihres Sohnes Marcel in Auteuil

**1873**  24. Mai: Geburt des zweiten Sohnes Robert; Umzug an den Boulevard Malesherbes

**1879**  Berufung von Adrien Proust in die Académie de Médecine

**1881**  Erster Asthma-Anfall Marcels; Freundschaft mit Jacques Bizet

**1882**  Eintritt in die Quinta des Lycée Condorcet

**1883**  Adrien Proust Direktor des Gesundheitswesens

**1884**  Aufgrund des Asthmaleidens nur sporadische Teilnahme Marcels am Unterricht; Adrien Proust Professor für Hygiene an der Medizinischen Fakultät der Sorbonne

**1886**  Letzter Ferienaufenthalt in Illiers; Privatunterricht aus gesundheitlichen Gründen; Marcel Proust schreibt *Les nuages* (*Die Wolken*).

**1887**  Freundschaft mit Marie Bernadaky

**1888**  Beeinflussung durch seinen Philosophielehrer Alphonse Darlu, einen Neukantianer; Proust liest Maurice Barrès, Ernest Renan, Pierre Loti. Proust entdeckt seine homosexuellen Neigungen; er umwirbt Laura Hayman.

**1889**  Abitur; Beginn des einjährigen Militärdienstes in Orléans; Bekanntschaft mit Anatole France; Weltausstellung in Paris, Bau des Eiffelturms

**1890**  Immatrikulation an der Juristischen Fakultät der Sorbonne und der École libre des Sciences politiques

**1892**  Gründung der Zeitschrift «Le Banquet» mit Freunden; Proust verkehrt in den Salons der Prinzessin Mathilde und der Madame Arman de Caillavet; J.-E. Blanche vollendet das Porträt von Marcel Proust.

**1893**  Publikation der ersten Novelle Prousts in «Le Banquet» (*Violante ou la mondanité*); Freundschaft mit Robert de Montesquiou; Studien und Pastiches von Proust erscheinen in «La Revue blanche»; Licence in Jura; Vorbereitung einer Licence ès lettres

**1894**  Freundschaft mit dem Komponisten Reynaldo Hahn Oktober: Verhaftung des Hauptmanns Alfred Dreyfus, Verurteilung zu lebenslanger Haft

**1895**  Beginn der Arbeit am Romanprojekt *Jean Santeuil*; unbezahlte Tätigkeit in der Bibliothèque Mazarine

**1896**  12. Juni: Publikation seines ersten Buches bei Callmann-Lévy: *Les plaisirs et les jours* (*Freuden und Tage*)

**1897**  Reise mit der Mutter nach Bad Kreuznach; erste Beschäftigung mit John Ruskin

**1898**  13. Januar: Zolas Pamphlet «J'accuse» in «L'Aurore», das die Wiederaufnahme des Dreyfus-Prozesses fordert; intensives Engagement Prousts («Manifest der Intellektuellen») auf Seiten Zolas; Spaltung der Öffentlichkeit in «dreyfusards» und «antidreyfusards»; Reise mit der Mutter nach Trouville; Reise nach Amsterdam zur Rembrandt-Ausstellung; Petition für den Oberst

Picquart, der sich vergeblich für die Revision des Dreyfus-Prozesses eingesetzt hat

**1899** Proust gibt das Romanprojekt *Jean Santeuil* auf; die Fragmente werden 1952 publiziert.

**1900** Tod Ruskins; Proust plant die Übersetzung seines Werks «The Bible of Amiens»; Reise nach Venedig

**1902** Proust verfasst noch einige Passagen zu *Jean Santeuil*, die Dreyfus-Affäre betreffend

**1903** 2. Februar: Heirat seines Bruders Robert; 26. November: Tod des Vaters; Proust ist zutiefst verunsichert.

**1904** Publikation der Übersetzung von Ruskins «The Bible of Amiens»; Artikel in «Le Figaro» (*Der Tod der Kathedralen*) mit scharfer Kritik an der Trennung von Staat und Kirche im Hinblick auf die Zukunft der Sakralbauten

**1905** Publikation des Artikels *Sur la lecture* (*Tage des Lesens*) in «La Renaissance latine», der als Vorwort seiner Ruskin-Übersetzung von «Sesame and the Lilies» geplant ist; Rehabilitation Alfred Dreyfus'; 26. September: Tod der Mutter, Trauer und Depression

**1906** Umzug an den Boulevard Haussmann

**1907** Artikel über den Muttermörder Blarenberghe in «Le Figaro»

**1908** Aus Anlass der Lemoine-Affäre schreibt Proust eine Reihe von Pastiches für «Le Figaro»; Entstehung eines neuen Romanprojekts

**1909** Gleichzeitige Entstehung zweier Werke: eines Essays über Sainte-Beuve und eines Romans; vergebliches Bemühen, beide Projekte miteinander zu vereinbaren; Proust lässt *Contre Sainte-Beuve* fallen, die Fragmente werden erst 1954 publiziert.

**1911** Proust beendet den ersten Teil des Romans, der *Le temps per-du* heißt; das ganze Werk soll den Titel *Les intermittences du cœur* tragen.

**1912** Der Titel des zweiten Teils lautet *Le temps retrouvé*; Proust auf der Suche nach einem Verleger

**1913** Nach Absagen der Verlage Fasquelle, Gallimard und Ollendorff am 14. November Publikation des ersten Teils bei Grasset unter dem Titel *Du côté de chez Swann* (*Auf dem Weg zu Swann*); Obertitel des Gesamtwerks: *A la recherche du temps perdu*

**1914** Enge Beziehung zu seinem Fahrer und Privatsekretär Alfred Agostinelli, der mit einem Flugzeug über dem Mittelmeer abstürzt; Céleste Albaret wird Hausdienerin; 31. Juli: Mord an Jean Jaurès; Ausbruch des Kriegs; Tod des Freundes Bertrand de Fénelon an der Front; die Publikation der *Recherche* wird durch die Kriegsereignisse unterbrochen.

**1915** Proust wird für kriegsuntauglich erklärt; Arbeit an weiteren Bänden der *Recherche*; Anwachsen der Albertine-Episoden

**1916** Schlacht bei Verdun; unter dem Einfluss des Kriegs schreibt Proust neue Passagen des Romans; das Thema der Homosexualität gewinnt zunehmend an Gewicht.

**1917** Verlustreiche Schlacht am Chemin des Dames; Eintritt der USA in den Krieg; Meuterei französischer Frontsoldaten; Massenstreiks der Arbeiter; Luftangriffe auf Paris; Proust macht die Bekanntschaft von Paul Morand und Jean Cocteau.

**1918** 11. November: Waffenstillstand; Ausweitung der *Recherche* auf fünf, dann sechs Teile

**1919** Proust muss in eine Wohnung an der Rue Hamelin umziehen; Neuauflage von *Du côté de chez Swann* bei Gallimard, von nun an sein Verlag; Publikation von *Pastiches et mélanges* (*Nachgeahmtes und Vermischtes*) sowie des zweiten Teils der *Recherche*, *A l'ombre des jeunes filles en fleurs* (*Im Schatten junger Mädchenblüte*), für den Proust der Prix Goncourt zugesprochen wird; Friedensvertrag von Versailles; Wiedereingliederung von Elsass-Lothringen in die Republik; Sieg des Nationalen Blocks bei den Parlamentswahlen; Spaltung der Sozialistischen Partei

**1920**   Publikation von Essays in verschiedenen Zeitungen; Publikation des dritten Teils der *Recherche*, *Le côté Guermantes* (*Guermantes*)

**1921**   Veröffentlichung von Auszügen der *Recherche* in verschiedenen Zeitschriften; Schwächeanfall Prousts beim Besuch der Vermeer-Ausstellung; Bekannte und Freunde erkennen sich in Figuren der *Recherche* wieder.

**1922**   April: Publikation von *Sodome et Gomorrhe*; Fertigstellung des handschriftlichen Manuskripts der *Recherche*; im Herbst Verschlechterung seines Gesundheitszustands. Proust stirbt am 18. November; er wird auf dem Père-Lachaise in der Familiengruft beigesetzt (22. November).

**1923**   Aus dem Nachlass *wird La prisonnière* (*Die Gefangene*) publiziert.

**1925**   Aus dem Nachlass wird *Albertine disparue* publiziert (späterer Titel *La fugitive* – *Die Flüchtige*).

**1927**   Aus dem Nachlass wird *Le temps retrouvé* (*Die wiedergefundene Zeit*) publiziert.

### Anatole France

Das Leben ist zu kurz und Proust zu lang.

*Anatole France auf die Frage, ob er die «Recherche» gelesen habe*

### André Gide

Seltsam ist, dass solche Bücher zu einer Zeit kommen, wo das Ereignis über die Idee triumphiert, wo die Zeit fehlt, wo das Handeln das Denken verhöhnt, wo die Kontemplation nicht mehr möglich, nicht mehr erlaubt scheint, […] wo wir nur noch Achtung haben vor dem, was nützlich sein, dienen kann. Und plötzlich erscheint dieses so uneigennützige, zweckfreie Werk Prousts einträglicher und hilfreicher als so viele Werke, deren Zweck allein die Nützlichkeit ist.

*A propos de Marcel Proust. Brief an Angèle (1921)*

### André Gide

Da ich weiß, was er denkt, was er ist, habe ich Schwierigkeiten, in *Sodom und Gomorra* etwas anderes als eine Täuschung, ein Bemühen um Selbstschutz, eine Tarnung zu sehen, eine äußerst geschickte zudem, denn es kann zu niemandes Vorteil sein, ihn anzuprangern. Ja, noch mehr: dieser Angriff auf die Wahrheit hat Aussichten, allen zu gefallen.

*Journal (1921)*

### Colette

Ich traf Marcel Proust mittwochs bei Madame Arman de Caillavet, aber ich hatte kaum Gefallen an seiner sehr großen Höflichkeit, an der übertriebenen Aufmerksamkeit, die er seinen Gesprächspartnern, vor allem seinen Gesprächspartnerinnen schenkte, eine Aufmerksamkeit, die allzu sehr den Altersunterschied zwi-

schen ihnen und ihm hervorkehrte. Denn er erschien ganz besonders jung, jünger als alle Männer, jünger als alle jungen Frauen.

[…] Viele Jahre lang habe ich ihn nicht gesehen. Und dann, eines Tages, gibt mir Louis de Robert *Unterwegs zu Swann.* […] Was für eine Errungenschaft! […] Alles was man hät te schreiben wollen, alles was man zu schreiben weder gewagt noch vermocht hat.

*In einem bekannten Land (1950)*

### Paul Claudel

Die Dilettanten, die Ästheten von der Art Marcel Prousts, diese impotenten Wesen, die einzig für die unmittelbare sinnliche Empfindung geschaffen sind, und die völlig in momentane Zustände versunken sind, womit soll man sie vergleichen, wenn nicht mit dem Niedrigsten auf der animalischen Stufenleiter, den Stachelhäutern und den Aufgusstierchen […], den Würmern, die nur simple reagierende Röhren sind, den gallertartigen Beuteltierchen, bei denen sich die Persönlichkeit nur in einer Art regenbogenfarbigem Hautausschlag äußert, mit Organismen, deren sexuelles Mienenspiel zerfällt, wenn sie auf ihrem Abstieg in die Entartung aufsteigenden Weichtieren begegnen.

*Die Legende von Prâkriti (1933)*

### Georges Bernanos

Prousts schreckliche Innenschau hat keine Zielrichtung. Sie mag noch eine Zeit lang unsere Erwartung enttäuschen und uns durch immer neue Perspektiven in Atem halten, Illusionen wecken im Hinblick auf die Lektion, die sie uns erteilen wird, aber niemals erteilt, […] es ist eine betäubende, um nicht zu sagen verzweifelte Jagd. Ach diese mit Vernunft begabten unzüchtigen Tiere, sie sind kompliziert wie Werkzeuge der Chirurgie und genauso glatt poliert – für sie ist Christus umsonst gestorben.

Ich sage nicht nur, dass Gott abwesend ist in Prousts Werk, ich sage, dass es unmöglich ist, dort auch nur seine Spur zu finden.
*Interview für «Les Novelles littéraires» (1926)*

### Walter Benjamin

Proust schildert eine Klasse, die in allen Teilen auf Tarnung ihrer materiellen Basis verpflichtet und eben darum einem Feudalismus angebildet ist, der, ohne wirtschaftliche Bedeutung in sich, als Maske der Großbourgeoisie umso verwendbarer ist. Dieser illusionslose, gnadenlose Entzauberer des Ich, der Liebe, der Moral, als welchen Proust sich zu sehen liebte, macht seine ganze grenzenlose Kunst zum Schleier dieses einen und lebenswichtigsten Mysteriums seiner Klasse: des Wirtschaftlichen. Nicht, als ob er ihr damit zu Diensten wäre. Er ist ihr nur voraus.
*Zum Bilde Prousts (1929)*

### Jean-Paul Sartre

Wir weigern uns zu glauben, dass die Liebe eines Homosexuellen dieselben Merkmale bietet wie die eines Heterosexuellen. Der geheime, verbotene Charakter der Ersteren, ihre Ähnlichkeit mit einer schwarzen Messe, die Existenz eines homosexuellen Freimaurertums, diese Verdammnis, in die der Homosexuelle seinen Partner wissentlich hineinzieht: all dies sind Tatsachen, die u. E. das Gefühl insgesamt beeinflussen bis in die Details seiner Entwicklung. Wir weisen die Vorstellung zurück, dass Ursprung, Klasse, Milieu, Nation des Individuums simple Begleiterscheinungen seines Gefühlslebens sind. Wir vertreten vielmehr die Ansicht, dass jede Gemütsregung wie im Übrigen jede andere Form des psychischen Lebens seine gesellschaftliche Situation offenbart.
*Präsentation von «Les Temps modernes», in Situations II (1948)*

### Albert Camus

Man hat behaupten können, die Welt Prousts sei eine Welt ohne Gott. Wenn dies zutrifft, so nicht deswegen, weil man dort niemals von Gott spricht, sondern weil diese Welt den Ehrgeiz hat, ein vollkommenes Ganzes zu sein und der Ewigkeit das Antlitz des Menschen zu geben. *Die wiedergefundene Zeit* ist, zumindest ihrer Intention nach, Ewigkeit ohne Gott. Das Werk Prousts erscheint in dieser Hinsicht als eines der maßlosesten und bedeutsamsten Unternehmen des Menschen gegen sein sterbliches Schicksal.
*Der Mensch in der Revolte (1951)*

### Nathalie Sarraute

Für die meisten von uns ragen die Werke von Joyce und Proust schon in der Ferne empor wie Zeugen einer vergangenen Epoche. Die Zeit ist nicht mehr fern, da man diese historischen Denkmäler nur noch unter der Leitung eines Fremdenführers besichtigen wird, in ehrfürchtigem Schweigen und mit düsterer Bewunderung.
*Das Zeitalter des Mißtrauens (1956)*

### François Mauriac

Wie vor zwanzig Jahren, erscheint mir Prousts Werk heute immer noch dominant. Sein Platz neben den großen europäischen Romanautoren wird Proust nicht streitig gemacht werden.
So ist durch viel Leiden der riesige Wald seines Werkes entstanden. Mit erhabener Geduld hat sich Proust dieser übermenschlichen Aufgabe unterzogen, eine lebendige Sinfonie zu konstruieren.
Wir glauben fest an die Dauerhaftigkeit seines Werkes. Wahrscheinlich wird es immer eine kleine Minderheit sein, die sich in diesem geheimnisvollen und doch so kunstvoll gestalteten Wald verliert.
*In Prousts Welt (1947)*

# BIBLIOGRAPHIE

## Werkausgaben

A la recherche du temps perdu. Édition de P. Clarac et A. Ferré, 3 Bde. Paris 1954

A la recherche du temps perdu. Édition de J.-Y. Tadié, 4 Bde. Paris 1987–1989

A la recherche du temps perdu. Édition Michel Berman, Thierry Laget e.a., 3 Bde. Paris 1987

Albertine disparue. Édition de N. Mauriac et E. Wolff. Paris 1987

Contre Sainte-Beuve. Édition de B. de Fallois. Paris 1954 (1965)

Contre Sainte-Beuve. Précédé de Pastiches et mélanges. Édition de P. Clarac et Y. Sandre. Paris 1971

Correspondance. Édition de Ph. Kolb, 21 Bde. 1970–1993

Essais et articles. Présentation de Th. Laget. Paris 1971

Jean Santeuil. Précédé de Les plaisirs et les jours. Édition de P. Clarac et Y. Sandre. Paris 1971

Jean Santeuil. Édition de B. de Fallois, 3 Bde. Paris 1954

Le carnet de 1908. Édition de Ph. Kolb. Paris 1976

Pastiches et mélanges. Paris 1970

## Werkausgaben in deutscher Übersetzung

Albertine. Hg. und übers. von Hanno Helbling. München 2001, dtv

Combray. Aus dem Franz. von Michael Kleeberg. München 2002, Libeskind

Frankfurter Ausgabe. Hg. von Luzius Keller. Frankfurt a. M., Suhrkamp

Werke I
Bd. 1: Freuden und Tage und andere Erzählungen. Aus dem Franz. von Luzius Keller und Elisabeth Borchers. 1988

Bd. 2: Nachgeahmtes und Vermischtes. Aus dem Franz. von Henriette Beese, Ludwig Harig und Helmut Scheffel. 1989

Bd. 3: Essays, Chroniken und andere Schriften. Aus dem Franz. von Henriette Beese, Luzius Keller und Helmut Schaffel. 1992

Werke II
Auf der Suche nach der verlorenen Zeit. Aus dem Franz. übers. von Eva Rechel-Mertens, rev. von Luzius Keller (ab Band 2: rev. von Luzius Keller und Sibylla Laemmel)

Bd. 1: Unterwegs zu Swann. [4]2002

Bd. 2: Im Schatten junger Mädchenblüte. [2]2002

Bd. 3: Guermantes. [2]2002

Bd. 4: Sodom und Gomorra. [2]2002

Bd. 5: Die Gefangene. [2]2002

Bd. 6: Die Flüchtige. [1]2001

Bd. 7: Die wiedergefundene Zeit. [1]2002

Werke III
Bd. 1 u. 2: Jean Santeuil. Hg. von Mariolina Bongiovanni Bertini. Aus dem Franz. übers. von Eva Rechel-Mertens, rev. und ergänzt von Luzius Keller. 1992

Bd. 3: Gegen Sainte-Beuve. Hg. von Mariolina Bongiovanni Bertini in Zusammenarbeit mit Luzius Keller. Aus dem Franz. von Helmut Schaffel. 1997

Auf der Suche nach der verlorenen Zeit, 3 Bde. Aus dem Französischen von Eva Rechel-Mertens. Frankfurt a. M. 2000, Suhrkamp Tb

Einzelne Werke Prousts sind in den Reihen «Bibliothek Suhrkamp», «Suhrkamp Taschenbücher» und «Insel Taschenbücher» erschienen.

## Bibliographien, Lexika, Reihen

Bulletin de la Société des Amis de Marcel Proust et des Amis de Combray. Illiers 1950 ff.

Bulletin d'informations proustiennes. Paris 1950 ff.

Cahiers Marcel Proust, nouvelle série. Paris 1970 ff.

Laget, Thierry: L'ABCdaire de Proust. Paris 1998

Michel-Thiriet, Philippe: Quid de Marcel Proust. Paris 1987 (deutsche Ausgabe: Das Marcel Proust Lexikon. Übersetzt von Rolf Wintermeyer. Frankfurt a. M. 1992)

Pistorius, George: Marcel Proust und Deutschland – Eine internationale Bibliographie. Heidelberg ²2002

Proustiana – Mitteilungsblatt der Marcel-Proust-Gesellschaft, Frankfurt a. M. 1984 ff.

Publikationen der Marcel-Proust-Gesellschaft, Frankfurt a. M. 1982 ff.

Sprenger, Ulrike: Proust-ABC. Leipzig 1997


## Untersuchungen zu Leben und Werk, Literatur- und Sozialgeschichte, Zeugnisse

Adorno, Theodor W.: Noten zur Literatur II. Frankfurt a. M. 1961

–: Minima Moralia, Frankfurt a. M. 1951 (1969)

Albaret, Céleste: Monsieur Proust – Souvenirs recueillis par Georges Belmont. Paris 1973

Bardèche, Maurice: Marcel Proust romancier, 2 Bde. Paris 1971

Beckett, Samuel: Marcel Proust. London 1931 (deutsche Ausgabe: Marcel Proust. Übers. von Marlis und Paul Pörtner. Zürich 1960)

Benbassa, Esther: Histoire des Juifs de France. Paris 1997

Bernard, Philippe: La fin d'un monde (1914–1929). Paris 1975

Bibesco, Marthe: Au bal avec Marcel Proust. Paris 1928 (deutsche Ausgabe: Begegnung mit Marcel Proust. Übers. von Eva Rechel-Mertens, Frankfurt a. M. 1970)

Botton, Alain de: How Proust can change your life. London 1997 (deutsche Ausgabe: Wie Proust Ihr Leben verändern kann. Übers. von Thomas Mohr. Frankfurt a. M. 2000)

Bouillaguet, Annick: Marcel Proust – bilan critique. Paris 1994

Bonnet, Henri: Les amours et la sexualité de Marcel Proust. Paris 1985

Colin, René-Pierre: Schopenhauer en France. Lyon 1979

Corbineau-Hoffmann, Angelika: Marcel Proust – A la Recherche du temps perdu. Tübingen / Basel 1993

Curtius, Ernst Robert: Marcel Proust. Berlin 1955

Deleuze, Gilles: Proust et les signes. Paris 1964 (1996) (deutsche Ausgabe: Proust und die Zeichen. Übersetzt von Henriette Beese, Frankfurt a. M. / Berlin 1978)

Diesbach, Ghislain de: Proust. Paris 1961

Dreyfus, Robert: Souvenirs sur Marcel Proust. Paris 1926 (2001)

Duchêne, Roger: L'impossible Marcel Proust. Paris 1994

Erman, Michel: Marcel Proust. Paris 1994

Fraisse, Luc: L'œuvre cathédrale – Proust et l'architecture médiévale. Paris 1990

Gide, André: Journal – Souvenirs. Paris 1954

Gimpel, René: Journal d'un collectionneur marchand de tableaux. Paris 1963

Glunk, Fritz R.: Marcel Proust. München 2002

Gregh, Fernand: Mon amitié avec Marcel Proust. Paris 1958

Halévy, Daniel: Pays parisiens. Paris 1932

Hayman, Ronald: Proust – A biography. London 1990 (deutsche Ausgabe: Marcel Proust. Geschichte seines Lebens. Übers. von Max Looser. Frankfurt a. M. 2000)

Henry, Anne: Marcel Proust – Théories pour une esthétique. Paris 1981

Hölter, Achim (Hg.): Marcel Proust – Leseerfahrungen deutschsprachiger Schriftsteller von Th. W. Adorno bis Stefan Zweig. Frankfurt a. M. 1998

Hölz, Karl: Das Thema der Erinnerung bei Marcel Proust. München 1972

Hommage à Marcel Proust. La Nouvelle Revue Française, XX. Paris 1923

Jauß, Hans Robert: Zeit und Erinnerung in Marcel Prousts A la Recherche du temps perdu. Heidelberg 1955 (1970)

Kapp, Volker (Hg.): Marcel Proust – Geschmack und Neigung. Tübingen 1989

Keller, Luzius: Proust lesen. Frankfurt a. M. 1999

Köhler, Erich: Marcel Proust. Göttingen 1958

Lagercrantz, Olof: Marcel Proust oder vom Glück des Lesens. Aus dem Schwedischen von Angelika Gundlach. Frankfurt a. M. 1995

Lhomeau, Franck, und Alain Coelho: Marcel Proust à la recherche d'un éditeur. Paris 1988

Kremp, Klaus: Der Roman von Proust – Ein Überblick. Frankfurt a. M. / Basel 1989

Link-Heer, Ursula: Prousts A la Recherche du temps perdu und die Form der Autobiographie. Amsterdam 1988

Martin du Gard, Roger: Les mémorables I. Paris 1957

Mauriac, François: Proust. Paris 1926
–: Du côté de chez Proust. Paris 1947

Maurois, André: A la Recherche de Marcel Proust. Paris 1949 (deutsche Ausgabe: Auf den Spuren von Marcel Proust. Übers. von Lutz Uecker und Wolf Bremer. Frankfurt a. M. 1971)

Mayeur, Jean-Marie: Les débuts de la III$^e$ République (1871–1898). Paris 1973

Miller, Milton M.: Psychanalyse de Proust. Paris 1977

Painter, George D.: Marcel Proust. Eine Biographie. Teil 1. Aus dem Englischen von Christian Enzensberger. Frankfurt a. M. 1962, Teil 2. Aus dem Englischen von Ilse Wodtke, Frankfurt a. M. 1968

Péchenard, Christian: Proust et les autres. Paris 1999

Picon, Gaëtan: Lecture de Proust. Paris 1963 (1995)

Poulet, Georges: L'espace proustien. Paris 1963 (deutsche Ausgabe: Raum und Zeit. Übers. von Helmut Scheffel. Frankfurt a. M. 1966)

Raimond, Michel, und Luc Fraisse: Proust en toutes lettres. Paris 1989

Rebérioux, Madeleine: La République radicale? (1898–1914). Paris 1975

Reuter, Philip: Prousts Auf der Suche nach der verlorenen Zeit. München 1999

Rey, Pierre-Louis: Marcel Proust – Eine Bildbiographie. Aus dem Franz. von Rudolf Kimmig. München 1990

Roloff, Volker: Werk und Lektüre – Zur Literaturästhetik Marcel Prousts. Frankfurt a. M. 1984

Schneider, Manfred: Subversive Ästhetik. Tübingen 1975

Sprenger, Ulrike: Stimme und Schrift. Tübingen 1995

Tadié, Jean-Yves: Proust et le roman. Paris 1971 (1986)
–: Lectures de Proust. Paris 1971a
–: Proust – Le dossier. Paris 1983 (1998)
–: Marcel Proust – Biographie. Paris 1996 (deutsche Ausgabe: Marcel Proust. Übers. von Henriette Beese, Frankfurt a. M. 1987)

Teschkle, Henning: Proust und Benjamin. Würzburg 2000

Voß, Ursula: Kleider wie Kunstwerke – Marcel Proust und die Mode. Frankfurt a. M. 2001

Warning, Rainer: Proust-Studien. München 2000

## Bildbände, Kataloge, Comics

Beauthéac, Nadine, und François-Xavier Bouchart: Auf den Spuren von Marcel Proust. Aus dem Franz. von Sylvie Strasser. Hildesheim 1999

Brassaï: Proust und die Liebe zur Fotografie. Aus dem Franz. von Max Looser. Frankfurt a. M. 2001

Clarac, Pierre, und André Ferré: Das Proust-Album. Leben und Werk im Bild. Aus dem Franz. von Hilda Born-Pilsach. Frankfurt a. M. 1976

Le Pichon, Yann: Le Musée retrouvé de Marcel Proust. Préface de François Mitterrand. Paris 1990

Maurois, André: Le Monde de Marcel Proust. Paris 1960

Naudin, Jean-Bernard, Anne Borel und Allain Senderens: Zu Gast bei Marcel Proust. Aus dem Franz. von Rolf Gimmic. München 1992

Ottaviani, Isabelle, und Philippe Poulain: Le Paris de Marcel Proust. Paris 1996

Picon, Jérôme: Passion Proust – L'Album d'une vie. Paris 1999

Proust, Marcel: A la Recherche du temps perdu, Combray. Adaptation et dessins de Stéphane Heuet. Paris 1998

–: A la Recherche du temps perdu, A l'ombre des jeunes filles en fleurs I. Adaptation et dessins de Stéphane Heuet. Paris 2000

–: A la Recherche du temps perdu. A l'ombre des jeunes filles en fleurs II. Paris 2002

Prousts Figuren und ihre Vorbilder. Fotos von Paul Nadar, Text von W. H. Adams, übers. von Christoph Groffy. Frankfurt a. M. 1988

Speck, Rainer, und Michael Maar (Hg): Marcel Proust – Zwischen Belle Époque und Moderne. Katalogbuch zur Ausstellung. Frankfurt a. M. 1999

Tadié, Jean-Yves (Hg.): Marcel Proust – L'Écriture et les arts. Paris 1999

Wiggershaus, Renate: Leben und Werk in Texten und Bildern. Frankfurt a. M. 1992

# NAMENREGISTER

## Über den Autor

Karlheinrich Biermann, Studium der Romanistik, der Philosophie und der Evangelischen Theologie, teilweise auch der Germanistik und der Geschichte, nach Promotion und Habilitation Professor für Romanische Philologie (Literaturwissenschaft) an der Westfälischen Wilhelms-Universität Münster.

Buchveröffentlichungen: Selbstentfremdung und Mißverständnis in den Tragödien Jean Racines (1970); Literarisch-politische Avantgarde in Frankreich 1830–1870 (1982); Mexiko (1993); Co-Autor der «Französischen Literaturgeschichte», hg. von J. Grimm (1989/1994/2004); Victor Hugo (rm 50565, 1998). Arbeitsschwerpunkte: neuere französische Literatur, frankophone Literatur außerhalb Frankreichs, spanischsprachige Literatur Lateinamerikas.